시간과 공간이
오리하으로 탄는

구에수엽

국어 시간에 생기를 불어넣고 싶은 선생님에게

시간과 공간의
흐름을 타는
국어수업

김명희 지음

창비교육

살아가는 데
필요한 것을 가르치자

처음 교단에 섰을 때 느낀 그 막막함을 잊을 수 없다. 자습서 말고는 어떠한 교육 잡지나 참고 서적도 없었고, 그나마 있다면 초등 교육 관련한 것뿐이었다. 한동안은 어느 갈래, 어느 단원이든 상관없이 자습서로 교재 연구를 하여 내용을 이해하고 주제만 파악하면 넘어가는 그렇고 그런 수업을 하였다. 그게 대체 내가 사는 것과 무슨 관계가 있는지 의문도 비판도 없이 말이다. 간간이 개인적으로 감동을 느끼는 경우는 있었지만, 토론 활동 같은 것은 언감생심 생각도 못 했다.

그러다가 서른 살쯤, 나름 경력이 쌓여서일까. '국어 교과서를 읽고 우는 학생이 있다면 그로써 성공이다'라고 생각하기로 하였다. 운다는 것은 그 인물이 처한 시간적·공간적 상황을 이해하고 공감할 때라야 나올 수 있는 행위이기 때문이다. 또한 책을 읽으며 책을 던지거나 찢어 버리는 학생이 있다면 더욱더 성공한 것이라고 한 단계 높은 목표를 세우고는 아이들을 모질게 몰아갔다.

하지만 이 전략은 쉽지 않았다. 아이들은 수업 속에서 생각보다 많이 울지 않았고 화도 내지 않으며 그다지 의문도 없었다. 시집을 한 권씩 안겨 주고 화가 나거나 의문스러운 시를 찾고 이유를 말해 보라 했으나, 한 시간 내내 읽어도 화나는 시가 없다고 했다. 기형도의 시 「엄마 걱정」에 목메기는커녕 맹숭맹숭 또랑또랑 잘도 읽는다. 열무 다섯 단을 사 와서 머리에 이고 교실을 한 바퀴 돌게 하여도 재미있다고 키득거리기만 했다. 또 겨우 한글을 깨친 시인의 어머니가 죽은 아들이 쓴 시를 더듬거리며 낭송하는 동영상을 보고도 아이들은 조금도 울지 않았다. 사는 형편이 다르고 삶의 경험이 많지 않다고 하여도 이런 메마르고 생명 없는 국어 시간이 무슨 의미가 있겠는가.

나는 국어와 관련한 모든 지식과 내용을 아이들이 생활 속에서 어떻게 적용하고 녹여내는지에 관심이 많고 늘 궁금히 여긴다. '배우고, 알았고, 깨달았으면 곧바로 그렇게 살자. 몰랐을 때는 그렇게 살지 못하더라도 알았으면 그 순간부터 그렇게 살도록 노력하자.' 배우는 것과 사는 것이 함께 가도록 가르치되 교사인 나부터 그렇게 살려고 하였다. 아무리 교재 연구를 한들 나 스스로 감동과 전율을 느끼지 않으면, 깨달음과 분노가 없다면 학생들에게 전달될 리가 없다. 아는 것은 지식의 문제이지만, 사는 것은 행동의 문제이다. 그래서 학문적·이론적 배경은 생략하더라도 지금 현재를 살아가고 있는 우리의 삶을 이야기하고, 구체적인 실제 활동을 강조하였다.

실제로 사용하는 국어를 위해 영역을 통합하고 교과서를 재구성한다는 것은 '교과서를' 가르친다는 것이 아니라 '교과서로' 가르친다는 뜻이다. 교과서를 무시하거나 내팽개친다는 말이 아니다. 단지 내 방식대로 고집스럽게 실천해 온 활동들이 시대와 경험이 다르고 교육 철학을 달리하는 동료와 후배 교사들에게 과연 도움이 될는지 마냥 두렵다. 그러나 미련스러울 정도로 아이들만 보고 한길 인생을 살아온 성깔 사나운 교사를 어여쁘게 봐주기를 바라는 마음 또한 간절하다. 이 책에서 다룬 내용들은 1990년대부터 근무한 중학교 국어 수업에 한정하였음을 밝힌다.

교실에서 아이들과 수업을 할 때만큼 내 존재를 크게 느낄 때가 없으며 더 이상 다른 행복이란 없다. 교단에서 맞이하는 죽음을 순직이라 부를 수 있다면 내 소원은 순직하는 것이다. 집안의 버팀목이던 큰 오라버니의 장례식 날, 시신을 땅에 묻고 난 뒤 나는 곧바로 출근을 하였다. 수업하고 싶어서이다. 수업에서 일상을 이야기하고, 그 이야기는 모두 수업 속에 녹아난다. 우리가 살아가면서 만나고 경험하는 것 중 어느 하나 국어 수업과 연관되지 아니한 것이 없고, 연결시키지 못할 게 없다.

정직하게 세월이 흘렀다. 빠르지도 느리지도 않게. 나는 교육 이론과 배경에는 무지하고 무심한 채 우직할 정도로 실천에만 매진해 왔다. 모든 날을 마치 생의 마지막인 양 살았다. 다시 태어난들 더 잘 살 자신이 없다. 매 순간 최선을 다하지 않은 날이 없고, 몰라서 못한 것은 많지만, 알면서도 안 한 경우는 거의 없다.

'교사가 아이들에게 화를 내거나 미워하지 않는 것은 사랑이라기보다 기술이요, 전문성이다.'라는 어느 교사의 말대로라면 나는 아무래도 전문성이 떨어지는 교사다. 나는 아이들에게 줄곧 화를 냈고, 많이도 슬퍼하였다. 그때 내가 슬펐던 까닭은 아무리 포장을 해도 결국 내 마음대로 기대하고 대가와 반응을 바랐기 때문이다. 아이들에게 '대가'를 바라지 않았다면 나는 슬퍼하지 않았겠지만, 행복하지도 않았을 것이다.

아이들과 함께 걸었던 즐거운 발자국을 그나마 글과 사진으로 남길 수 있어 얼마나 다행인지 모르겠다. 1970~80년대에는 컴퓨터도 디지털카메라도 스마트폰도 없던 시절이라 자료가 거의 남아 있지 않다. 기껏 독서 공책이 있을 뿐, 그마저도 각자 가지고 떠났기 때문에 졸업 앨범과 기억 속 단편만 남아 있어 안타깝기 그지없다. 1990년대와 2000년대로 들어오면서부터 수업 시간이면 늘 카메라로 수업 과정을 찍으며 아이들의 삶을 살피고 들여다보기를 게을리하지 않았다. 아이들의 표정은 또 하나의 중요한 언어이기 때문이다.

평소에 얼굴을 무단 게재하는 것은 초상권을 무시하는 행위라고 가르쳐 왔기에 재학생들에게 허락을 구해 보았다. 내 말이 떨어지기도 전에 "와~ 그럼요, 영광이에요!"라는 말과 함께 기립박수로 환호하며 축하해 준 우리 아이들! 내 자존심의 상징인 옛 제자들과 더불어 마지막 학교에서 평생의 추억거리와 아름다운 마무리를 선사해 준 '작지만, 행복한 재산 중학교'에 사랑과 감사의 마음을 담아 이 책을 바친다.

깊은 이론도 없이 마구잡이로 해 온 성깔 사나운 수업을 글로 옮기는 것이 마냥 부끄럽다. 그런데도 '실천이 곧 이론이요, 철학'이라는 부드러운 격려와 으름장으로 책이 나오도록 길을 틔워 주신 '황금박쥐' 님께 마지막으로 감사의 인사를 드린다.

2016년 1월
김명희

차례

일러두기

• 1장 「수업에 흐름을 만들자」와 9장 「거듭나는 수업을 위하여」는 창비교육총서-1 『국어 교육, 어떻게 할 것인가』(공저, 2014)에 수록된 저자의 글을 수정, 보완한 것이다.

1장

·

수업에
흐름을 만들자

왜 재구성 수업이
필요한가?

우리의 삶이 통합적으로 이루어지는 것처럼 국어 교육 역시 읽고, 듣고, 말하고, 쓰는 통합적 언어 활동을 가르치는 것임에는 변함이 없다. 국어 교육의 궁극적인 목표가 국어를 사용하는 능력을 기르는 것이고, 우리의 삶 또한 모국어로 이루어지고 있다는 것도 엄연한 사실이다.

교육과정이 바뀌면서 교사의 재량권이 늘어나고 있다. 국어의 통합적 기능을 더욱 확대, 강화할 수 있는 기회가 우리 앞에 와 있다. 교과서는 국정에서 검정으로 바뀌었지만, 여전히 영역을 쪼개어 학년별로 나누어 놓았다. 교사 대부분은 없는 시간을 내어 영역 간 연계성을 갖춘 단원끼리 다시 짜 맞추어야 하는 이중고를 감수해야 한다.

이렇게 쉽지 않은 상황 속에서도 우리는 학생 수준과 학교 상황, 사회 변화를 고려한 자신만의 교육과정을 고안하고, 그에 맞는 교재를 선택하여 통합적으로 만들어야 한다. 교과서는 수업 교재의 하나일 뿐이라는 사실을 인식하고 다른 여러 자료와 함께 조절해 가야 한다.

단위 학교 교육과정이 제시하는 포괄적 교육 목표 아래 학년별·영역별 세부 목표가 정해지면, 그 목표에 도달할 수 있는 적절한 내용을 수업에서 얼마나, 어떻게 가르칠 것인지에 관해 치밀하게 계획하도록 한다. 학년을 고려한 주제와 영역의 적절한 배치, 학습자 중심에서 올바른 가치관을 지니고 삶의 지침이 될 다양하고 의미 있는 활동들이 서로 유기적인 연관을 갖도록 할 일이다.

재구성 수업을 위한
기본 원칙

교육을 어떻게 바라보느냐에 따라 교육의 목표와 내용, 방법이 결정된다. '바람직한 교육의 목표는 무엇인가?'라는 물음은 다른 말로 '세상을 어떻게 보는가?', '어떤 세상을 꿈꾸는가?', '어떤 사람이 이상적인 인간인가?'라고도 할 수 있다.

학생들과 어떤 목표로, 어떤 내용을 가지고, 어떤 방법으로 만나야 할까? 수업은 교사와 학생이 꿈꾸는 내용을 중심으로 펼쳐진다. 교사는 수업에서 자기가 그리고 있는 꿈의 세계를 실현하기 위해 나름대로 노력한다. 그래서 수업에는 교사의 가치관과 경험, 시대 상황이 녹아들어 있다. 자기의 경험을 바탕으로 시대가 요구하는 것을 교사가 재구성하여 반영하는 것이다. 그렇기 때문에 교육과정을 충분히 이해한 뒤 교사 나름대로 목표와 내용, 방법을 세우는 것이 필요하다.

읽고 쓰기, 또 다른 이름의 생명 교육

주체적인 삶을 살기 위해서는 정직하게 자기를 들여다보고 인정하며 자신의 생각과 느낌을 표현하는 훈련이 필요하다. 자기 생각과 느낌을 가지고 생생하게 살아 있기 위해서는 읽고 쓰는 일이 마치 숨 쉬는 것처럼 무의식적으로 이루어져야 한다. 읽고 쓰기를 죽어라고 싫어하는 사람은 국어 공부는커녕 질 높은 삶을 살아가고자 노력하는 것을 일찌감치 포기한 것이나 다름없다. 그만큼 많이 읽음으로써 지식과 정보를 많이 얻게 되고, 그렇게 얻은 것들을 날숨을 토해 내듯이 드러냄으로써 비로소 건강한 삶을 영위할 수 있는 것이다.

들숨(읽기)과 날숨(쓰기)은 건강한 생명을 위한 절대 필요조건이다. 그리고 읽고 쓰는 것은 사람과 사람을 이어주는, 즉 표현과 소통의 문제이기도 하다. 결국 이 활동은 정신을 건강하게 숨 쉬게 한다는 점에서 또 다른 이름의 생명 교육이다.

표현의 바탕은 언어이고, 모든 언어의 기본은 어휘력이다. 단어에는 뜻이 있고, 뜻 속에는 우리의 삶과 세계가 담겨 있다. 모든 지식의 축적은 정확한 개념을 아는 데서 시작된다. 국어사전은 단어의 정확한 개념을 알기 위해 교과서와 함께 기본적으로 갖추어야 할 책이다. 바르게 읽고 이해하여 충만감과 행복감을 솟구치게 하는 도구 교과로서의 책무성을 들지 않더라도 국어 교과에서 개념 정리를 비중 있게 하지 않는 것은 국어 교사로서 직무 유기로 볼 수밖에 없다.

교실 밖에서 하는 표현 수업

모든 수업의 목표와 활동 평가를 삶과 연결하자

국어 교과는 국어가 아닌 다른 많은 교과로 들어설 수 있는 디딤돌 구실을 한다. 그런 만큼 국어는 사물이나 현상을 보는 이해력과 사고력, 판단력, 창의력을 키워 자주적인 인간으로 삶을 살아가는 데 밑바탕이 되는 과목이어야 한다.

학창 시절을 뒤돌아보면, 어떤 글이든 — 그것이 문학이든 비문학이든 간에 — 하나같이 내용만 열심히 분석하고 파악하였다. 그것이 내가 사는 것과 무슨 관계가 있는지, 비교하고 의문을 가지며 열띠게 논쟁했던 기억은 없다. 국어도 사회도 과학도 외국어도 모든 과목이 다 그러했다. 책에서 배우고 알고 깨달았으면 곧바로 사는 것에 적용시켜야 하거늘 '배우는 것 따로, 사는 것 따로' 사는 태도는 참으로 소모적이다. 학습 목표나 학습 활동에만 매몰된다면, 이런 자세를 고수하기 쉽다. 배우는 것과 사는 것이 하나가 되도록 학습 목표와 수업 활동이 일치하여야 한다. 지필 평가 문제는 물론 수행 평가 문제도 모두 우리네 삶 속에서 가져와야 한다.

단원 재배치와 생략, 통합적 수업을 두려워하지 말자

교과서에 있는 내용을 하나도 빠짐없이 차례대로, 제시된 차시 그대로 가르쳐야 한다는 고정관념을 가질 필요는 없다. 국어의 듣기, 말하기, 읽기, 쓰기는 각각 독립된 영역이 아니라 서로 다른 국면이다. 이 행위들은 형태만 다르게 드러날 뿐, 구체적인 활동 과정 속에서 통합적으로 이루어지기 때문에 영역 자체를 엄밀하게 나눌 수 없다. 영역별로 교육 내용과 목표를 달리 설정하더라도 통합적으로 수업이 이루어질 수밖에 없다는 것이다.

올해 세운 수업 목표를 가장 효과적으로 달성하려면, 학년 초에 연간 계획을 세울 때부터 그 흐름을 계획하고 만들어 가야 한다. 여기서 중요한 것은 단원 배치와 단원을 다루는 수업 방식 등을 재구성하여 연간 계획을 짜는 것이다. 1년 단위로 보면 계절상의 특징과 학교 행사 및 계기 교육 등을 고려하여 관련지을 만한 단원을 앞으로 끌어오는 등 단원들을 적재적소에 배치할 수 있다. 강조하고 싶은 단원에 더 많은 차시를 계획하거나 두세 단원을 묶어서 재배치하거나 영역을 통합할 필요도 있다. 특히 영역을 통합하여 수업을 할 때, 교사는 분명한 확신을 가지고 구체적인 활동 계획을 세우는 것이 필요하다.

국어 시간만이라도 마음껏 떠들고 즐겁게 보내자

국어 시간은 즐거워야 하고 감동이 있어야 한다. 무엇보다도 아이들의 목소리가 나와야 한다. 왜냐하면 교과서와 문학 작품에는 숱한 사람들의 이야기가 온갖 상황과 목적 속에서 펼쳐지고, 그 이야기들은 모두 나와 무관한 것이 아니기 때문이다. 바로 나와 우리들의 삶이 담겨 있기 때문이다.

다시 말하지만 국어 능력은 자유로운 활동 속에서 절로 습득되어 장차 인생을 살아가는 데 정말 필요한 것이 되어야 한다. 국어 시간은 어떤 교과보다 아이들의 삶이 알몸으로 드러나고, 자신의 정체성을 스스로 확인하며 앞날을 설계할 수 있는 희망과 용기의 시간이다. 학생들이 교사보다 더 많이 말하고, 활발하게 활동할 수 있는 수업을 위해 교사가 바치는 시간과 열정은 하룻밤에 그치지 않을 것이다. 문제 풀이보다 머리에 더 잘 들어오고, 오랫동안 잊히지 않고 삶의 등대가 되어 주는 것은 바로 즐거움과 감동을 느꼈던 수업이라는 것을 잊지 말자.

2장

·

말하고 죽은 귀신
때깔도 곱다

— 말하기 수업

말문 트기

말을 한다는 것은 누군가 듣고 있다는 것이며, 듣는다는 것 역시 누군가에게 말을 하고 있다는 전제 아래 이루어지는 언어 활동이다. 따라서 말하기와 듣기는 결코 떼어 놓고 생각할 수 없다. 상대방의 말에 공감하면서 명료하게 반응만 해 주어도 칭찬 받을 만하다. 그러므로 진정 원만하고도 아름다운 인간관계와 사회를 만들어 가기를 바란다면 우선 입과 귀와 가슴을 여는 훈련부터 꾸준히 해야 할 것이다.

거칠면서도 분주하고 발랄한 요즘 아이들의 불협화음은 외면할 수 없는 현실이지만, 그 이면에는 일반론으로 재단하기 어려운 또 다른 현실이 있다. 아이들이 어떤 뜻을 품고 있으며, 무엇을 후회하고 무엇을 두려워하며 누구에게 감사하는지 숨기고 있는 속마음을 알아야 하고, 그것을 스스로 말하도록 해야 한다. 아래는 비교적 밝고 명랑하고 건강한 아이들의 속내 이야기이다.

- 친구가 무언가를 빌려 달라고 하면 싫다는 말을 못 해서 없다고 거짓말한다.
- 내려야 할 곳을 지나쳐도 말을 못 해서 종점까지 간 적이 있다.
- 국어 책을 읽고 싶은데 읽고 싶다는 말을 못 해서 읽지 못한 적이 있다.
- 돈을 빌려 달라는 말을 못 하고, 또 빌려 준 돈 갚으라는 말도 못 한다.
- 급식 때 아주머니께 더 달라는 말을 못 해서 매일 점심시간마다 배가 덜 부르다.
- 거스름돈을 덜 받았는데도 말할 용기가 없어서 포기하고 집에 간 적이 있다.
- 친구에게 칭찬을 들으면 기분이 좋은데 어색해서 오히려 욕을 한다.
- 친구가 한 말에 상처 받았지만, 속상하다고 말하지 못 한다.
- 친구들이 얘기할 때 나도 끼어서 이야기하는 걸 잘 못한다.
- 낯선 사람과 말하는 것이 겁나고, 누가 나에게 말을 걸면 말을 더 듬는다.
- 친구와 오해를 풀어야 하는데 나 자신에 관해 설명하거나 해명하지 못한다.
- 물어봐야 하는데 무시 당할까 봐 못 물어본다.

'슬프다, 우울하다, 불편하다, 억울하다, 외롭다, 무섭다, 두렵다, 가슴 아프다, 절망스럽다, 서럽다, 처량하다, 불쌍하다, 측은하다, 캄캄하다, 가엾다, 버림받은 느낌이다, 모욕 당한 느낌이다, 가슴이 찢어진다, 혼자인 느낌이다, 허전하다, 좌절감을 느낀다, 안타깝다, 소외감을 느낀다, 속이 썩는다, 한스럽다, 짜릿하다, 부럽다.'

이렇게 자기 마음을 알고 정확하게 드러냈을 때 느낌은 일단 후련하다. 삶을 살지게 하는 말하기의 시작은 바로 내 마음에 꼭 맞는 낱말을 찾아 그 말로 표현하는 것이다. 그래서 본격적인 말하기 활동으로 나가기 전에 말문 트기를 해야 한다.

말문 트기 활동을 '입 벌리기 연습'이라 부르고 틈만 나면 하도록 하자. 뭐든 정답을 말해야 하고, 또 정답이 아닐까 봐 두려워하는 아이들에게 '모른다'는 말을 끄집어내기까지는 인내심을 가지고 긴 호흡으로 훈련을 해야 한다. 표현이나 소통은 그 다음 단계이다.

- 춘향전은 누가 지었지?: 모르겠어요.
- 심청전은?: 모르겠어요.
- 어제 오후에 학교에서 무슨 일이 일어났는지 아니?: 몰라요.
- 내가 입고 있는 옷에 쓰인 글이 무슨 뜻인지 아니?: 잘 몰라요.
- 네가 선생님만큼 나이가 들었을 때 어떤 모습일까?: 생각 안 해 봐서 잘 모르겠어요.

말하기와 듣기를 기능으로만 가르치는 교과서의 허점을 일상과 연결하여 자연스럽게 메꾸어 가는 수업을 위해서는 무엇보다도 나 자신부터 솔직해져야 한다. 사생활이든 속내 이야기든 교사가 먼저 자기 속을 까뒤집는 모습을 보여야 한다. 첫 시간에 교사부터 자기소개를 이렇게 하면 어떨까? 일반적으로 가장 은밀하거나 말하기엔 쑥스러운 내용을 공개적으로 밝히는 것이다.

"명희 선생님이라고 불러 주면 입이 벌어지게 좋은 김명희입니다."
"낙엽이나 나무 타는 연기 냄새를 맡으면 단박에 무장 해제가 되는 김명희입니다."

자신의 의사를 분명히 표현하는 것이 때로는 상대방을 얼마나 부담 없게 해 주는지를 모르는 사람들이 뜻밖에 많다. 말을 해 주지 않으면 상대방은 끝내 자기가 무슨 짓을 저질렀는지 모르고 넘어간다. 자기가 한 말에 누군가 다쳤다는 사실조차 모르게 된다. 적어도 3월 한 달 동안 입 열고 귀 열고 마음을 여는 시간을 기다려 준다면 4월부터는 더 편하고 즐겁게 수업할 수 있다.

- 국어 공책과 독서 공책에 제목 쓰고 이유 말하기
- 나의 좋은 점 20가지 쓰기
- 나의 고쳐야 할 점 20가지 쓰기
- 나는 ~할 때면 기분이 좋아진다.

- 나는 ~할 때면 기분이 나빠진다.
- '나'를 상징하는 것을 그림으로 표현하기
- 올해 새롭게 실천하기로 다짐한 것이 있다면?
- 나의 정체성을 담아서 '저는 ~한 ~입니다.'로 자기소개 하기
- 주변에서 한 사람을 선택하여 훌륭한 점을 칭찬하고, 칭찬 받은 사람은 '감사의 말' 하기
- 김명희의 표현 교육집 『애들아, 말해봐』를 읽고 가장 마음에 드는 부분 낭독해 보기

물론 이 내용들을 미리 공책에 써 오게 하면 아이들의 참여도가 높아져 수업이 훨씬 더 수월하다. 처음 만난 학년이라면 눈 딱 감고 한 달을, 2년 간 만난 아이들과는 2주일, 3년 간 만난 아이들이라면 일주일 정도 이런 활동을 계속해 보자. 어느새 아이들이 자연스럽게 입을 열고, 큰 어려움 없이 국어 수업에 빠져들 것이다.

실제로 아이들은 이 경험을 통해 수업을 편하고 자유롭게 할 수 있었다고 즐겁게 회고하곤 한다. 심지어 늘 조용하던 진우가 교무실로 와서는 도서부에 들고 싶다고 말하였다.

"그래? 너는 어떻게 이렇게 용감하게 스스로 와서 도서부 신청을 다 할 수 있니?"

"선생님께서 앞으로 살아가면서 자기가 원하는 것을 말할 줄 알아야 한다고 하셔서 용기를 냈어요."

낭독으로
자신감 키우기

　교실을 떠난 곳은 어디든 자유롭다. 더구나 체육 시간도 아닌데 운동장에 나갈 수 있다면? 그때 운동장은 더욱 더 자유롭고 나만의 시간을 보낼 수 있는 특별한 공간이 된다.

　아이들을 교실 밖으로 불러내어 책을 한 시간 내내 큰 소리로 읽고 또 읽게 한다. 걸으면서 책을 읽다 보면 배에 힘이 들어가서 소리가 더 커지고, 바른 소리를 낼 수 있다. 넓은 운동장을 마음껏 걸어 다니면서 뭔가를 써야 한다는 부담도 없이 마음껏 읽기만 하면 되는 것이다. 그렇게 자기 목소리를 자기 귀로 듣는 연습을 하다 보면 목이 뚫리고, 귀도 뚫리고, 가슴도 뚫린다. 그런 다음 여러 사람 앞에서 소리 내어 읽어 본다. 부끄러움이 많고 목소리가 작은 아이들도 처음보다 소리가 커진다. 자기도 모르게 목소리에 힘이 들어가고 자신감이 생긴 것이다.

자신감은 큰 소리로 읽게도 하고 말하듯이 읽게도 만든다. 아이들은 시골 아이나 도시 아이 할 것 없이 명랑하고 까불고 건강하다. 하지만 비(非)언어와 반(半)언어를 넣어서 실감나게, 자신을 책에 나오는 주인공이라 생각하고 그 사람이 되어서 말로 연기를 해 보라고 하면 대부분 수줍어한다. 가장 높은 경지의 낭독은 귀에 쏙쏙 들어오게, 마치 옆에서 말하듯이 읽는 것이다. 자신감이 차 있어야만 그 경지에 이를 수 있다. 우리는 살아가면서 필요하다면 '넉살'이나 '너스레'를 좀 떨 줄도 알아야 한다. 낭독이 바로 그렇게 만든다. 운동장에서 마음껏 소리 내어 읽게 하자.

낭독으로 말하기의 기초를 세울 수 있다

집 안에서든 교실에서든 국어 교과서를 매일 한 쪽이라도 소리 내어 읽어 보자. 특히 사방이 트인 운동장은 소리가 밖으로 시원하게 나올 수 있는 발성 연습을 하기에 적격이다.

웃는 연습을 자주 하는 것도 소리가 맴돌지 않고 밖으로 힘 있게 나오게 하는 데 도움이 된다. 그리고 소리를 굵고 크게 내서 자주 낭독을 하는 것이 좋다. 학생이 발성에 장애가 있지 않다면 지나치게 발성에 신경 쓰지 말고 발음을 분명하게 하도록 돕는다.

사투리를 쓰는 사람들은 낭독을 많이 하면 표준어를 쓸 수 있게 된다. '발음을 분명하게 하겠다는 의지'는 곧 '말을 잘하겠다는 의지'를 가지는 것과 다르지 않다. 자기 목소리를 한 번이라도 녹음해서 들어 본 사람이라면 숨고 싶을 정도로 부끄럽고 자기 목소리에 실망한 경험이 있을 것이다. 그러나 여러 번 듣다 보면 자기의 목소리와 발음 상태를 객관적으로 평가할 수 있다. 마찬가지로 여러 번 소리를 내어 읽어 보면 자신의 발음 상태를 알아낼 수 있다. 성량과 높낮이, 명료한 발음과 강세 조절, 그리고 말의 중복됨이나, 잦은 군소리 등 말하는 습관을 바로잡는 데에도 도움이 된다.

낭독으로 좋은 낱말과 표현법을 알 수 있다

많은 책을 소리 내어 읽다 보면 풍부한 지식과 이야깃거리는 물론이요, 무의식적으로 다양한 어휘와 올바른 문장, 멋진 표현법을 배우게 된다. 아울러 내용에 따라 문단을 나누는 법도 알게 된다. 성우나 아나운서의 말과 억양을 따라하는 것도 좋은 방법이다. 이렇게 알게 된 좋은 단어와 표현법은 말할 때 자기만의 여러 가지 다양한 표현으로 다시 출력이 된다.

영어 단어만 외울 게 아니다. 상황에 따라 적절하게 쓸 수 있는 좋은 우리글이나 표현법을 외우는 훈련은 아이들을 자기 인생의 주인이 되게 만들어 준다.

낭독으로 책 내용에 집중할 수 있다

공부를 잘하고 못하고의 차이는 책을 폈을 때 책의 내용을 파악하기 위해 얼마나 긴 시간 동안 집중할 수 있느냐에 달려 있다. 소리를 내서 읽으면 정확하게 읽기 위해서라도 책에 집중하게 되고, 내용도 함께 이해하게 된다. 부정확한 것이 정확해지고, 불투명하고 불명확한 것이 투명하고 명확해지게 된다. 이해가 되면 '재미'를 느끼고, 재미를 느끼면 내용은 자연스럽게 뇌에 입력된다. 따라서 내용에 몰입할 가능성도 그만큼 높아지고, 세상을 보는 눈도 달라지며, 보이는 만큼 즐거움을 맛볼 수 있다. 책을 많이 읽는 사람들은 그 재미를 만끽하고 있는 것이다.

낭독으로 감정 표현을 연습할 수 있다

낭독은 일종의 연기이다. 시나리오가 배우들의 연기를 위한 대본인 것처럼 시, 소설, 수필 역시 현재의 갈래로 진화되어 자리 잡기 전에는 연기와 무관하지 않았다는 말이다. 특히 희곡이나 시나리오 같은 장르에는 대사가 포함되기 마련인데, 대사를 읽을 때는 목소리에 움직임을 반영해야 자연스럽게 입체감을 살릴 수 있다.

소설에서는 낭독자가 내용을 전달하는 매개자라면, 시는 직접 화자가 되어야 한다는 점에서 호흡이나 어조가 분명 달라야 한다. 특히 시는 띄어 읽기, 붙여 읽기, 강세, 가락 등 모든 기법을 동원하여 행간에 담긴 의미를 전달해야 하고, 수필은 완급을 조절하여 읽어야 한다. 기본적으로 느린 말씨는 씩씩함과 재미가 떨어지기 때문에 격한 감정을 표현할 때는 빨리, 서정적이고 부드러운 분위기에서는 차분하고 느리게 읽어야 한다.

자기 목소리가 부끄럽게 들리는 경지에서 벗어나면 서서히 여러 사람들 앞에서 읽고 말하는 훈련을 한다. 학생이 혼자 발표하기를 어려워한다면 다른 친구들과 함께 할 수 있는 활동을 제안해도 좋다. 대표적인 활동이 '연극'이다. 연극은 다른 사람과 함께 관객 앞에 설 수 있는 기회를 준다. 또 연극을 연습하고, 대사를 외우고, 동작을 해 보는 과정에서 많은 생각도 하고, 극과 대사에 맞는 표현을 해 보면서 얻는 것이 있을 것이다. 연극이 부담스럽다면 대본을 읽어도 비슷한 효과를 얻을 수 있다.

나는 예전부터 소리 내서 읽는 것을 싫어했다. 부끄러워서 눈으로만 읽었다. 하지만 소리를 내어 읽기 시작하면서 점점 자신감이 생겼다. 특히 운동장을 돌아다니며 읽어 보니 읽기가 즐거워지기 시작했다. 자신감을 키우게 해 주시는 선생님의 능력이 신비롭다. 샘, 내년에 저보다 더 말 못하고 소리도 작고 내성적인 제 동생이 입학하는데 잘 가르쳐 주세요. 부탁해요. (중 2 남학생)

앉아서 책 읽기만 하던 나에게 운동장에서 책을 읽기는 음식으로 치면 별미다. 에어컨이나 히터보다는 자연 바람을 맞으면서 책을 읽는다는 게 기분이 좋고, 전방에 있는 산을 보면서 책을 읽는다는 것도 너무 멋있다. 더욱 신기한 것은 평소엔 듣지 못하던 흙의 바삭바삭한 소리가 들리고, 소리 내어 읽다 보면 나도 모르게 주인공이 되어 연기하는 느낌이 든다. (중 3 남학생)

국어 시간에 운동장에 나가서 책을 읽으면 자신감이 부족한 나 같은 사람도 목소리가 커지고 마음의 안정이 찾아온다. 아무도 안 보고 간섭도 안 하니까 마음 놓고 소리를 내서 읽게 된다. 그러니까 책에 집중이 잘 되고, 내용도 머릿속에 더 잘 기억된다. (중1 여학생)

역대 대통령 가운데 노무현 전 대통령만큼 정확하고 분명하게 언어를 구사한 지도자도 아마 없을 것이다. 건강한 목소리, 자음과 모음을 끝까지 소리 내는 완벽한 발음, '누가, 무엇을, 어찌하였다'는 주성분을 갖춘 깔끔한 문장. 국어 교사 중에도 이렇게 말할 수 있는 사람은 드물다.

들기 평가 지문으로 노무현 전 대통령의 한글날 경축사를 들려준 적이 있었다. 아이들은 잘 알아들을 수 있고, 무엇을 말하는지 명확하고, 말에 군더더기 없이 깔끔하며, 무엇보다 목소리에 힘이 있고 자신감이 느껴진다고 하였다. 소리 내어 책 읽기를 꾸준히 해 온 아이들의 반응이 비교적 그에 가까워 낭독은 곧 자신감으로 이어진다는 사실을 확인하였다.

작은 학교에서도, 큰 학교에서도 낭독 수업을 할 수 있다.

운동장을 거닐며 책 읽는 아이들

댓글로 소통하고
관계 맺기

댓글은 상대방의 말과 글에 공감하고 소통하며 인간관계를 만들어 나가는 언어 활동으로, 여러 매체에서 사용하고 있다. 단순하게 맞장구를 치는 것부터 논리적인 토론이나 토의까지 다양한 대화가 이루어진다. 한마디 댓글로 살맛나는 천국을 맛보기도 하지만, 때로는 악성 댓글로 죽음과도 같은 치명적인 상처를 받기도 한다.

댓글의 홍수 속에 묻혀 사는 요즘 아이들을 위해 댓글이라는 새로운 언어 영역을 공교육 안으로 들여와 보자. 컴퓨터실로 국어 교실을 옮겨 합법적인 공간에서 교사의 관심과 지도 아래 국어 공책이나 독서 공책에 글을 쓰듯이 건강한 댓글을 써 보는 거다. 아니면 담임 교사에게 학급 전체의 휴대폰을 받아 와서 한 시간 내내 아이들과 당당하고도 엄숙하게 댓글 써 주기를 하는 것도 의미

있는 활동일 것이다. 문장 부호도 하나의 언어이며, 맞춤법이나 띄어쓰기 하나만 달리 하여도 사물이나 사건, 인간의 감정이 아래위로 곤두박질칠 수 있음을 되풀이하여 강조하는 것은 물론이다.

사랑의 해결사 놀이

세상을 살아갈 때 사소하다고 생각하는 것들이 지식보다 우선하는 경우는 얼마든지 있다. 걱정거리가 생길 때마다 혼자서 끙끙거리다가 병이 나거나 일상을 불행하게 보내는 사람이 있는데, 이런 때 다른 사람에게 도움을 요청하여 문제를 해결하는 '사랑의 해결사' 놀이는 공교육 속에서 정당하고 공개적으로 하는 살아 있는 공부이다.

이 활동은 사적인 관계에서도 문제 해결에 도움을 주지만, 문학과 사회, 갈등 극복하기, 공감을 나누는 대화, 위로와 격려의 글쓰기, 매체 활용 같은 단원에서 두루 활용할 수 있다. 특히 문학 작품 속 인물이 되어 온갖 문제와 갈등을 공감하고 해결해 주는 연습을 꾸준히 하면서 서서히 인간관계를 만들어 가는 법을 배울 수 있으리라 믿는다.

쪽지를 활용한 '사랑의 해결사' 놀이는 고민을 쪽지에 쓰고 바구니에 넣으면, 해결사가 나와 쪽지를 하나 뽑아서 읽고 해결해 주는 놀이이다. 쪽지는 짧은 글이지만, 누군가에게 자신의 이야기를 전하는 대화에 가깝다. 이제 입을 열기 시작한 아이들에게 속내를 드러낼 수 있도록 돕는 장치인 것이다.

요즘 들어 자주 슬프거나 우울하고, 걱정이 많아졌습니다. 어떻게 하면 슬프고 우울하고 걱정스러운 마음을 없애고 즐겁고 행복하게 지낼 수 있을까요?

다빈 미친 듯이 일에 몰두해 봐.

현화 이성 친구를 사귀면 좋아. 내가 해 봤어.

도요 여행을 하면 마음이 새로워지고 기운도 나지 않을까. 친척 집에라도 다녀오면….

유빈 몸을 움직여. 빨래, 청소, 산책, 운동 같은 것을 하고 나면 땀도 나고 상쾌해져.

준하 맛있는 걸 먹어. 특히 맵고 달콤한 떡볶이 같은 거. 잠깐이라도 행복해질 거야.

수영 친구에게 마음을 솔직하게 털어 놔 봐.

종이쪽지 대신 아이들이 좋아하는 휴대 전화를 사용해 보는 것도 좋다. 교사부터 자신의 속내 이야기를 주도적으로 드러내어 아이들에게 도와달라고 요청해 보자. 같은 인간으로서 삶의 애환을 함께 풀어 나갈 때 아이들은 솔직하게 자기표현을 하게 되고 국어 수업 또한 전보다 더 활발하고 풍성해지게 된다.

남친과 사귄 지 12년이 넘었다. 너무 오래 되어서 그런가, 신비로움도 궁금한 것도 없고, 만나면 할 말도 없다. 오히려 만날 때마다 싸우지 않을 때가 없다. 심지어 문자로도 싸운다. 차라리 안 만나고 있을 때가 더 편하다. 전화를 한 달 동안 안 한 적도 있는데, 바로 지금이 그렇다. 그렇다고 교제를 아주 끝내는 것도 원치 않는다. 무슨 방법이 없을까? (교사 김명희)

希주 너무 오래 사귀면 알 거 다 알게 되니까 편하고 더 좋을 거예요. 오래된 친구도 그렇잖아요. ^^

채민 저라도 12년 동안 사겨 온 친구가 있다면 헤어지기가 어려울 것 같아요. 그동안 쌓아 온 정이 너무 아까워서요. 다른 인연을 만나 다시 시작해서 12년이란 시간 동안 또 다른 사람을 알게 되기까지는 또 너무 많은 시간이 쓰일 것 같아요. 헤어지면 정이 너무 아까워요~

인애 오래 사귀면 질리기 마련이죠. 12년이라면 이미 고비는 지나지 않았을까요?

경남 12년이면 그 분도 어디 못가요. 샘, 그냥 결혼하세요.

연희 그럼 한 며칠 간 만나지 말아 보세요. 그러면 그리워질지도 몰라요.

혜지 그냥 샘 스타일로 밀고 가세요!!

성경 12년 동안이나 사귀셨다니, 사실 전 남친을 사귄 적이 한 번도 없을뿐더러 여자 친구도 12년 동안 사귀어 본 적이 없어요. 왠지 12년씩이나 생각을 나누다 보면 지루해질 것도 같은데, 저도 새 학년 올라갈 때마다 친구들이 바뀌는 게 싫었어요. 조금 시간을 두면서 선생님 친구분의 좋은 점을 더 알아 가세요.

지혜 남친과 결혼하는 대신 이젠 영혼의 동반자가 되는 게 어떨까요?

결국 남친과 헤어졌다고 말하자 아이들은 진정어린 위로와 격려의 말을 해 주었다. 사제지간에 인간적 유대감이 생기는 기쁨과 즐거움을 맛보는 순간이었다.

다른 사람의 고민을 덜어 준다는 것은 참 좋은 일 같다. 자기의 고민을 종이에 적어서 접은 다음 바구니에 넣고 섞는다. 그리고 먼저 하고 싶은 사람이 뽑아서 내용을 읽은 다음 해결을 해 준다. 그 다음 다른 방법이 있으면 친구들이 말해 준다.

나는 고민을 세 개나 적어서 냈는데, 말을 더듬는 것이랑 글씨를 바르고 정확하게 못 써서 고민이라는 것 두 개가 뽑혔다. 그 중에서 나의 가장 심각한 고민이 나왔다. 말을 더듬는다는 것! 그걸 뽑은 사람은 도요 누나이다. 도요 누나가 말한 해결 방법은 책을 천천히 소리 내어 읽는 연습을 하라는 것이었다. 그리고 다른 친구가 말한 해결 방법은 한 글자 한 글자 생각하며 읽는 연습을 하라는 것이었다. 이 방법도 좋은 것 같지만 도요 누나가 말한 방법이 더 좋은 것 같다. 친구들은 모두 한 개씩만 고민을 적었는데 나는 총 세 개, 지금까지는 두 개가 나와서 이득을 보았다.

나의 고민을 덜어주니까 이젠 고민할 필요가 없어서 기분이 좋다. 그리고 친구들이 이해해 준다는 것에 감동 받았다. 어떤 문제라도 내 힘으로 해결할 수 있을 것 같은 자신감이 생겼다. 나머지 한 개는 안 뽑혀도 좋다. 역시 친구들이 낫다. 선생님께서 말씀하신 '백짓장도 맞들면 낫다'라는 속담의 뜻을 이제 확실히 알겠다. (중 1 신준하)

댓글로 자기 의견 드러내기

'사랑의 해결사' 놀이가 말로써 또래의 고민과 갈등을 듣고 해결해 주는 표현 연습이라면, 글로써 자기 마음을 쉽고 편안하게 드러낼 수 있는 활동이 바로 댓글 수업이다.

다음과 같이 외부 강사를 초청해서 글쓰기 강좌를 한 뒤에 컴퓨터실로 가서 감상을 댓글로 써 보게 할 때, 아이들은 부담 없이 폭풍 댓글로 소감을 쏟아 낸다. 처음에는 남의 댓글을 읽기만 하던 소극적인 아이도 서서히 저희들만의 언어로 재미있게 댓글을 달면서 함께 어우러져 두려움에서 벗어나는 것이다. 이때 교사도 댓글 대열에 적극 참여한다면 아이들과 자연스레 소통할 수 있어 좋다.

1, 2학년 여러분! 어제 글쓰기 강좌, 어땠나요?
작년에는 「이해의 선물」로, 올해는 「목걸이」와 「크리스마스 선물」로 사랑과 이해, 배려 그리고 갈등에 대하여 생각해 보고 글쓰기를 했습니다. 좋았지요, 그쵸?
김안자 선생님께 감사하며, 여러분의 솔직한 소감을 표현해 보기 바랍니다.
댓글로 부담 없이 지상 토론을 해 보아요. ―명희 선생님이

| 댓글 22 |

ㄴ 김혜진 이번 강의를 들으면서 알게 된 것이 참 많다. 일기를 쓸 때 한 페이지에 연결사 '그러니까, 그래서, 그러나' 같은 것은 없을수록 좋다는 것과 문장은 짧을수록 좋으며, 부사어는 많이 쓰지 않는 것이 좋다는 걸 배웠다. 그 말씀을 듣고서 내 일기

를 보니 부사어가 참 많았다. 내가 일기 쓰는 것을 왜 어렵게 느꼈는지 이제야 알겠더라. 이제라도 깨달아서 너무 좋다.

몰랐던 외국 단편 소설과 작가 오 헨리, 모파상을 자세히 알게 됐고, 김안자 선생님을 다시 봬서 기분이 좋았다. 포근한 말투로 설명해 주시니 듣는 사람이 편해져서 대화하기가 쉬웠다. 기회가 된다면 내년에도 뵙고 싶다.

└ 김아령 나도 수필이나 글쓰기는 다 길어야 한다고 생각했는데, 짧게 쓰는 게 좋다고 하셔서 놀랐어. 하하.

└ 달희 그렇지만도 않아. 아무 생각 없이 사는 사람은 쓸거리(자기 생각)가 없기 때문이야. 지나치게 짧고 무미건조해.

└ 김혜진 저는요, "갈등은 아름다운 무늬가 될 수 있고, 영원히 남을 수 있는 상처가 될 수 있다."라는 말이 제일 기억에 남아요!

└ 김성헌 어, 난 왜 그 말이 기억이 안 날까, 하하하.

└ 달희 강의를 들으며 좋은 말은 즉시 메모해 두면 이렇게 적절히 인용할 수 있어서 글이 더욱 알차고 풍성해지지.

└ 김아령 저는 제일 기억이 남는 게 '갈등'이에요. 수업에서 "갈등이 없는 사람과 갈등이 많은 사람 중 누가 쓸거리가 많을까?"라는 퀴즈가 나왔는데, 당연히 갈등이 많은 사람이 할 말이 많아서 글을 쓸 주제가 많을 것이라고 생각했어요. 그런데 막상 나의 갈등으로 글을 써 보니까 막막했어요. 아침에 있었던 갈등을 주제로 쓰려 했는데 아침에 겪은 갈등이 없어서 너무 재미없게 사는 거 아닌가 생각이 들더군요. 정말 많은 것을 배우고 알찬 시간이 아니었나 싶네요!

└ 달희 글쓰기를 싫어하거나 말하기를 두려워하는 사람은 쓸거리와 말할 거리가 없기 때문이야. 내가 늘 자기 생각과 느낌을 가지라고 한 이유가 바로 이 때문이야.

└ 김원용 진짜 화끈한 강좌 아주 좋았어요. 어떻게 글을 쓰면 안 되는지 알게 됐고
요. '부사를 빼라. 문장을 길게 쓰지 마라. 화려한 단어를 쓰지 마라.' 이런 강좌들 덕
분에 답답했던 속이 정말 시원해지는 느낌이었어요. 이번 수업이 없었으면 저는 작
가 오 헨리와 모파상이 누군지도 몰랐을 것 같아요. 마음도 좋으시고 입심도 좋으신
김안자 선생님과 수업을 다시 하고 싶어요.

└ 달희 화끈한 강좌였다고? 원용이의 표현 능력이 나날이 늘어가니 나는 무척이나
기쁘고 흐뭇해~!

└ 김성헌 전학 오기 전까지는 이렇게 1, 2학년이 모두 모여 강좌를 듣는 일은 생각
할 수도 없었는데 모두 모여 강좌를 들으니 색다른 경험을 해서 좋았고, 김안자 선
생님께서 설명을 잘 해 주셔서 한결 쉽게 이해한 거 같아요. 사랑과 이해, 배려와 갈
등에 대해서 더욱 잘 알 수 있었고 갈등이 많은 사람은 글을 잘 쓸 수밖에 없다는 것
을 알았어요. 단편 소설 「목걸이」와 「크리스마스 선물」 같은 극적 반전의 글을 알게
되어서 좋았어요. 마지막으로 글쓰기 강좌를 해 주신 김안자 선생님 감사합니다.

└ 달희 성헌이도 독서 공책에 자기 이야기를 더 많이 씀으로써 자신을 정리하며 자
아 발견의 기회로 삼았으면 좋겠다.

└ 김성헌 네, 선생님. 노력하겠습니다.

└ 강서윤 전에 김안자 선생님과 수업을 했을 때 수필에 대한 것을 많이 알게 되어
좋았어요. 이번에는 수필을 쓸 때 연결 단어, 부사, 문장을 줄여 쓰라고 조언해 주신
것이 도움이 많이 될 것 같아요. 그리고 오 헨리의 「크리스마스 선물」에서는 비록 가
난하지만, 서로 상대방을 위해 소중한 것을 버리는 모습이 너무 아름다웠어요. 모파
상의 「목걸이」는 허영심 많은 로와젤 부인이 무려 10년 동안 빚을 갚고 사실대로 말
했는데 포레스터 부인의 목걸이는 가짜라고 했을 때 엄청 놀랐어요. 결국 그녀의 허

영심 때문에 일이 일어났고 그녀도 깨달았을 거라고 생각해요. 끝으로 선생님께서 "여러분은 정말 귀한 사람입니다."라고 하셨을 때 너무 감동 받았어요.

└ 유원주 너 글을 보고 그 말을 들은 기억이 방금 떠올랐어.

└ 강서윤 마지막에 정말 감동 받았다니까. ㅠㅠ

└ 남수영 「크리스마스 선물」과 「목걸이」라는 두 작품으로 수업을 한 것도 좋았지만 선생님이랑 한 다른 활동도 재미있었어요. 오늘 아침부터 지금까지 있었던 일을 독서 공책에 써 보라고 하실 때가 저는 제일 좋았어요. 서너 줄 정도 나올 줄 알았는데 한 쪽을 다 채우고 다음 쪽으로 넘어가기까지 해서 33줄이나 나오니까 이게 의외로 되게 쓸거리가 많구나 싶었어요. 저희가 명희 샘에게 교육을 잘 받은 것 같다고 하시길래 기분이 좋았어요.

└ 달희 어머나, 너희들이 잘하니까 나까지 칭찬 받았네. 기뻐라.

└ 강다빈 나도 짧게 나올 줄 알았는데 계속 쓰다 보니까 쓰고 싶은 이야깃거리가 계속 생겨났어. 많은 걸 쓰려고 하지 말고 내가 하고 싶은 말을 생각하면 줄줄 잘 써 내려가는 것 같아.

└ 신준하 「크리스마스 선물」은 가슴 아픈 사랑인 것 같아. 아내는 남편에게 그 소중한 머리칼을 팔아 시계를 팔아 선물을 했고, 남편은 그 소중한 시계를 팔아 아내에게 머리빗을 선물했어. 정말 이 부부는 서로를 위해서 그 무엇도 아끼지 않았어. 나는 이 부부가 서로를 위해서라면 희생도 할 수 있다는 점에서 감동 받았어. 나도 좋아하는 사람이 있으면 희생도 할 거야.

└ 달희 네 말대로 어떤 희생이라도 할 수 있다면 그 사람을 진실로 사랑하는 거라고 믿어. 준하에게도 이런 사랑이 찾아오면 잃지 않도록 하렴.

└ 남수영 나는 「크리스마스 선물」을 아름다운 사랑이라고 생각했어. 자신의 소중한

물건을 팔아 서로에게 가장 잘 어울리는 물건을 선물로 준 게 감동적이었어.

문학 작품 속 등장인물이 되어서 도움 요청하기

'사랑의 해결사' 놀이를 충분히 익힌 뒤에는 비슷한 방법으로 문학 작품에서 나타나는 갈등을 극복해 보는 언어 활동을 할 수 있다. 작품 속 등장인물이 되어서 도움을 청하고 해결해 줌으로써 문학과 나의 삶이 무관하지 않다는 것을 느낀다. 또 나와 인간에 대해 이해하고, 세상을 보는 안목을 깊고 넓게 키워 나갈 수 있음을 경험한다.

① 현덕의 「나비를 잡는 아버지」에서 '나'의 고민

저는 촌에서 아버지, 어머니와 함께 살고 있습니다. 제 친구는 서울에 올라가 일을 하는데 저는 집안 형편이 안 좋아 농사를 지으며 삽니다. 초등학교 때는 제가 공부를 더 잘했는데 이 꼴이니 자존심이 상하네요. 더군다나 제 친구 집 땅을 빌려 일을 하고 있어서 항상 저희는 낮은 자세로 굽신거려야 합니다.

그것뿐입니까? 어느 날 휴가로 고향에 내려온 친구가 나비를 잡는다기에 조금 약을 올렸더니 저희 참외밭을 망쳐 놓은 겁니다.

집안 사정만 된다면 저도 서울에 올라가서 돈 벌고 싶네요.

② 김유정의 「동백꽃」에서 '나'의 고민

점순이 아버지는 땅 주인을 대신해 소작권을 관리하는 마름입니다. 그래서 우리 집은 점순이네한테 배재를 얻어 땅을 부치므로 항상 굽실거려야 합니다.

그것만 해도 힘든데 소작인의 딸 점순이가 오더니 감자 3개를 들고 "느 집엔 이거 없지?"라며 남을 무시하는데 어찌 참습니까. 그것도 모자라 이제는 남의 귀한 닭을 괴롭히고, 정말 걱정입니다.

③ 황순원의 『소나기』에서 '소년'의 고민
　좋아하는 여자가 있습니다. 하지만 그 여자는 지금 이 세상에 없어요. 병으로 떠나야만 했어요. 그녀랑 함께 있던 돌다리, 짧은 여행을 함께 하며 꽃도 많이 따고, 알려 주고. 그때는 무심코 던진 조약돌도 지금은 소중합니다.
　갑작스레 떠난 그녀가 너무 밉고 보고 싶습니다. 저는 앞으로 어떻게 살아야 할까요?

④ 오영수의 『고무신』에서 '나'의 고민
　지금 너무 후회가 됩니다. 좋아한다는 것을 빨리 말하지 못한 제가 너무 한심합니다. 그녀가 떠나는 모습을 제 두 눈으로 직접 보고도 믿기지 않네요.
　아직까지도 생각나고 보고 싶어요. 그때 좋아한다고 빨리 말했더라면 상황이 조금은 바뀌었을까요? 왜 바보 같이 그녀가 결혼할 거란 생각은 미처 하지 못한 걸까요? 남들이 보기에도 제가 한심한가요? 이래서 다른 여자도 못 만나면 어쩌죠.
　저는 어떻게 극복하고 다른 사랑을 할 수 있을까요?

⑤ 오승희의 『할머니를 따라간 메주』에서 '나'의 고민
　할머니와 엄마가 자꾸 싸워요. 공부를 하려고 해도 마음이 놓이지 않아 공부도 못하겠어요.
　싸우는 원인은 메주 때문이에요. 할머니께서 메주를 세 개 째 만들면서 힘에 부치는지 숨이 가빠지셔서 제가 조금이라도 도와 드리고 싶은데 엄마는 메주 만드는 것을 싫어해요. 돈도 안 들고 조미료 덩어리인 된장을 안 먹는 것은 좋은데 집에 냄새도 나고 경호원이나 주변 사람들에게 눈치도 보이곤 해요. 할머니 마음도 잘 알고 엄마 마음도 알겠는데, 중간에 끼어서 어찌할 줄을 모르겠어요.

강서윤 ①번. 자존심이 상했더라도 한 번 더 생각해 보고 기분이 상했다고 솔직히 말해 보는 건 어떨까요? 돈을 번다는 건 아직까지 위험하니까 나중에 커서도 할 수 있을 거예요.

└ 김혜진 집안 사정이 안 좋아 서울에 올라가는 건 아직 무리입니다만, 열심히 노력해서 좋은 결과 얻어야지요! 진실된 마음을 전하라는 조언 너무 감사합니다.

└ 김원용 그 애 부모님께 사과드리고 그 친구와 다시 친하게 지내면 어떠실까요? 자신 있게 먼저 사과하는 거예요.

└ 김혜진 이제는 친하게 지내야겠지요. 이제는 자신 있게 사과해 볼게요! 그리고 좋은 친구로 남겠지요? 감사합니다!

유원주 ②번. 점순이한테 "느 집엔 이거 없지라고 무시해서 기분 나빴어."라고 말해 보세요. 그러면 점순이가 사과를 할 수도 있고 친해질 수도 있잖아요.

└ 김혜진 무시해서 기분 나빴는데 이제는 자신 있게 말해야겠어요. 조언 감사합니다!

김아령 ③번. 너무 죄책감 느끼진 마세요. 어쩌면 마음이 더 단단해질 수 있는 약이 될지도 모르니까요!

└ 김혜진 마음이 더 단단해질 수 있는 약이라니 그런 생각은 미처 못 했는데 고마워요.

김아령 ④번. 미련을 버리고 좀 더 좋은 인연이 나타날 거라 믿고 지내 보면 언젠간 꼭 그녀보다 더 좋은 사람이 나타날 거라고 믿어요. 또 너무 후회하지 말고 쿨~ 하게 떠나 보내면 미련이 없을 것 같아요.^^ 힘들 것 같지만, 조금만 더 노력해 보세요.

└ 김혜진 네, 감사합니다! 이제 쿨한 남자가 되어 미련 없이 보내야겠어요! 그녀도 이제는 잘 살고 있을 거니까요.

강세윤 ⑤번. 할머니한테는 메주를 조금만 해 달라고 부탁을 하고 엄마한테는 너무 그러지 말라 해 보세요. 메주를 발효해서 된장으로 팔아 보는 것도 좋지 않을까 생각해 봅니다.

　└ 김혜진 아, 팔아 보는 것도 좋은 생각인 것 같아요!

　주인공뿐만 아니라 주변 인물들에게 관심을 가지고 그 입장에서 보는 것도 좋을 것이다. 이를테면 주요섭의 『사랑방 손님과 어머니』에서 어머니가 아닌 옥희, 사랑방 손님, 할머니, 외삼촌이 되어서 그들의 고민과 걱정거리를 함께 생각해 보는 것도 더불어 살아가는 세상을 위한 좋은 학습이 될 것이다.

문학 작품을 읽고 댓글로 토론하기

　아이들은 책을 읽고 저마다 하고 싶은 말이 있지만, 독서 감상문으로 쓰는 것은 질려 한다. 이런 아이들에게 부담 없이 짧은 댓글로 책에 대해 말할 수 있는 온라인 공간을 만들어 주자. 또래들끼리 궁금한 점들을 주고받으며 이런 것도 독서 활동이 될 수 있다는 것을 경험하게 해 주는 것이다. 특히 아이들이 지루하고 따분하다는 고정 관념을 가지고 배척하는 고전 소설로 시작해 보자.

고전 소설 「홍길동전」을 읽고 (중학교 1학년)

송효원 길동이의 아버지 홍모가 "네가 품은 한을 내 다 짐작한다. 오늘부터는 나를 아버지라 부르고, 인형이를 형이라고 불러도 좋다"는 말을 했을 때 한편으로는 기뻤을 것 같아. 하지만 나는 한편으로는 화가 났어. 아버지를 아버지라고, 형을 형이라고 부르는 것은 당연한 것인데 그 당시에는 그렇게 허락을 맡고 불러야 했다는 게 무척 억울했을 테니 말야.

└ 장호연 그렇지? 나도 그렇게 생각했어. 안 그래도 길동이는 호부호형 하지 못한 것이 서러운데 아버지마저도 "이 세상에 종의 몸을 빌려 태어난 재상의 핏줄이 너뿐이 아닌데, 함부로 버릇없는 마음을 먹지마라." 하면서 오히려 꾸짖으시니까 참 딱하더라.

장호연 "너희들을 모두 세상과 떼어 놓으려 하였으나, 내가 나라의 조정에 있는 몸이 아니므로 잠시 미뤄야겠다. 그러나 앞으로도 네놈들이 똑바로 행동하지 않으면, 너희가 수만 리 밖에 있다 하더라도 잡아다가 모두 목을 베리라!"라고 홍길동이 말했을 때, 아마 그 당시에 길동이와 같이 차별 받았던 사람들에게서 지지를 얻어 낼 수 있었던 것 같아. 즉 대리만족을 느낀 것 같아. 그리고 홍대감과 시비 춘섬 사이에서 태어난 길동, 그리고 홍대감의 첩이 길동을 죽이려 했다는 문장과 시비와 첩이란 단어에서 그 당시에는 신분 제도가 있었음을 알 수 있어.

└ 달희 서자로서 한이 많았던 길동인데, 나중에 자기도 첩을 두 명이나 둔 사실에 대해서는 어떻게 생각하니?

└ 송효원 아, 맞다. 신분 제도가 있었구나. ㅋ

└ 달희 '적서 차별'이라는 신분 제도가 있었음을 모른다면 『홍길동전』 안 읽은 거다~!

└ 장호연 그러고 보니 그렇네요? 나중에 길동이 여러 부인을 삼는데…. 아마 이것으로 자신이 품은 한의 일부분이 해소되지 않았을까요? ㅋ

김소연 길동은 왜 조선을 떠날 거면서 병조 판서 자리를 원했을까??

└ 장호연 어라? 그러고 보니까 그렇네? ㅋㅋ 어차피 율도국이라는 나라에서 크게 번성할 거면서…. 왜 그랬을까? 궁금하네….

└ 김희진 그러게 말이야. 왜 그랬을까? 아마도 서자라는 틀을 깨 보고 싶어서 그랬을 것 같기도 하고…. 아니면 "이때까지는 너희들이 도적이라 불렀어도 나는 병조 판서까지 나왔다."라고 하고 싶어서 그런 것 같기도 하고…. 또는 자신을 섬기는 부하들의 존경을 받고 싶어서 그랬을 수도 있고….

└ 송효원 그러게!? 갑자기 궁금해지네….

└ 이예지 맞아! 길동이가 왜 병조 판서 자리를 원했을까?

└ 김혜미 그러게 말이야. 내 생각은 아마 길동이가 서자도 이렇게 될 수 있다는 생각을 가진 게 아닐까?

권연주 홍 판서가 한 말 중에서 "너는 태어날 때부터 내게는 종이 아니라 아들이었느니라." 라는 말이 이해가 안 가…. 자신이 길동을 아들이라 생각했으면 진작부터 허락을 해주었으면 길동도 떠나지 않았을 텐데…. 길동이가 불쌍해.

└ 장호연 아, 내 생각이 틀릴 수도 있겠지만, 아들이라 생각하고 싶어도 길동이는 시비 춘섬과 홍 판서 사이에서 태어났으니 서자잖아…. 그래서 홍판서도 자신의 아들이 서자라고 생각하고 싶지 않은 것 아니었을까?

└ 이예지 아버지를 아버지라고 부르지 못하고 형을 형이라고 부르지 못한 길동이가 억울할 것 같아!

ㄴ 김희진 맞아 맞아. 그러니까 법을 바꿔야지….

ㄴ 달희 무슨 법? 축첩 제도!

ㄴ 송효원 축첩 제도? 그게 뭐지…. 찾아 봐야지!

ㄴ 장호연 내가 찾아 봤어! 참조해 봐~ 축첩 제도란 첩을 인정하는 거야. 축첩제라고
도 하고. 첩을 두는 이유는 대제로 많은 자녀를 낳기 위한 것이었대….

ㄴ 권혜진 오, 그러고 보니 수업 시간에 선생님께서 '일부다처제'에 대해서 말씀해 주
셨던 게 기억나~. 한 명의 남편과 여러 명의 부인들!

교과 활동 속에서
녹여내는 표현 수업

　교과서에는, 그리고 문학 작품 속에는 숱한 사람들의 이야기가 온갖 상황과 목적 속에서 펼쳐지고 있다. 거기에는 우리네 삶이 담겨 있기 때문에 결코 우리와 무관하지 않다. 따라서 상황에 따라 다양하게 말하기에 익숙해지도록 작품 속 인물이 되어 내 삶과 연관 지어 내 생각이나 감정을 끊임없이 표현해 보는 것이 필요하다. 모든 학년에 걸쳐 할 수도 있고, 학년과 단원에 따라 나누어 집중적으로 할 수도 있다.

- 「축복 받은 성격」과 관련하여, 우리 반에서 가장 부러운 친구는? 왜?
- 「시집가는 날」과 관련, 윤동주의 「서시」에서 시적 화자가 맹 진사에게 충고를 한다면?
- 『내 생애 가장 따뜻한 날들』과 관련하여, 내 생애 가장 '부끄러웠

- 던/기뻤던/슬펐던/즐거웠던/속상했던/억울했던' 때는?
- 「이해의 선물」과 관련하여, 살아오면서 가장 고마웠던 사람과 진정으로 훌륭하다고 생각하는 사람 중에 한 사람을 선택하여 감사하고 칭찬해 보자.
- 「그 여자네 집」과 관련하여, 말하고 죽은 귀신은 때깔도 좋다고 하니, 늦었더라도 물어나 보자. '만덕이, 곱단이, 만덕 아내, 곱단 남편'이 되어 그동안 물어보고 싶었던 것은?

　다음은 국어 교사 연수에서 선생님들이 했던 역할극 사례이다. 오정희의 소설 『소음 공해』에서 경비원은 아랫집 여자의 통명스러운 인터폰을 윗집 여자에게 전달하는 역할만 한다. 하지만 이 역할극에서는 아랫집 여자의 불평을 그대로 들어 주며, 윗집에 연결할 때까지 잠시 기다리라 하고, 윗집 여자의 말을 들어 주면서 자연스럽게 인터폰으로 아래층 여자와 윗층 여자가 연결되도록 해 준다. 경청과 공감, 반영하는 말하기가 멋진 결말을 이끌어 내고 있다. 일상생활에서 충분히 일어날 수 있는 갈등과 마찰을 어떻게 극복해야 하는지 잘 보여 주는 역할극이다.

아래층 따르릉~802호인데요. (짜증 나는 목소리로) 왜 이렇게 윗집이 시끄러운 거예요?

경비원 아…. 지금 윗집에서 시끄러운 소리를 내는군요.

아래층 한두 번도 아니고, 지금 봉사 활동을 다녀와서 아이들과 아빠도 없으니 조용히 앉아 커피를 마시며 음악을 들으며 쉬려고 하는데, 위에서 너무 시끄러운 소리를 내서요. 도저히 못 참겠어요.

경비원 조용히 쉬시려고 하는데, 윗집에서 시끄러운 소리를 내신다구요….

아래층 얼른 좀 바꿔 주세요.

경비원 아…. 혹시 윗집 분이 어떤 상황에 있는지 아시나요? 제가 한번 전화해 보고 연락드릴게요.

아래층 아무튼 얼른 연결해 주세요.

경비원 따르릉~ 902호이신가요.

위층 아, 또 아랫집에서 시끄럽다고 전화를 했나요? 매번 전화를 해 대니 저도 못 참겠어요.

경비원 아랫집에서 계속 전화를 해 대서 못 참으시겠다구요.

위층 제가 사실은 휠체어를 타고 있거든요.

경비원 그렇다면 제가 말씀 드릴까요?

위층 아니요, 제가 하죠. 연결해 주세요.

(마구 화를 내던 아랫집 여자는 윗집 여자의 인터폰을 받는다.)

위층 사실은 제가 다리가 없어요. 그래서 휠체어를 타거든요. 먼저 상황을 설명하지 않았던 것 죄송해요.

아래층 아, 그러셨군요. 저는 윗집 분과 같은 분을 돕는 봉사 활동을 하고 와서 쉬려고 하는데, 시끄러운 소음이 들려서. 그런 사실도 모르고 화를 냈어요. 죄송합니다.

위층 그럼, 언제 한 번 놀러 오세요. 제가 내려갈 수는 없으니까 언제 한번 올라오시면

커피라도 한 잔 하면서 이야기해요.

아래층 좋아요. 그럼 제가 감미로운 선율이 담긴 CD를 들고 올라가겠습니다. 안녕히

계세요.

요즈음은 말의 내용보다 전달과 표현 능력이 문제가 되는 경우가 점점 많아지고 있다. 작은 목소리, 산만한 시선, 무의미한 군소리, 현란한 수식어도 말의 권위를 떨어뜨린다.

또 의미보다 어감으로 불이익을 보는 경우도 있다. "예, 여기 있습니다." "제가 하겠습니다." 하고 문장을 확실하게 종결짓지 않고 "여기 있는데…." "제가 할 수 있는데요…." 하며 끝을 흐리는 아이들을 흔하게 볼 수 있는데, 이 경우 가볍고 자신이 없어 보인다. 특히 여학생들이 시도 때도 없이 남발하는 귀여운 말투나 애교 섞인 비언어, 반언어도 공사 구분을 못한다는 점에서 매한가지이므로 사람들에게 신뢰감을 주기 어려울 수가 있다.

상대방을 바라보며 적절히 반응하고 천천히 안정된 어조로 명료하게 말하는 훈련을 하여 싸늘한 분위기에서도 기죽지 않고 의견을 말할 수 있어야 한다. 내가 의도하는 바를 잘 말한다는 것은 상대방을 바꿈으로서 나의 행복을 쟁취하고, 나아가 사회를 변화시킬 수도 있다.

3장

나의 주인은
바로 나

― 쓰기 수업

읽어 가며
메모하기

글쓰기 훈련의 첫 시작 – 생각하고 기록하기

글쓰기는 말하기와 함께 생각이나 감정을 표현하는 중요한 활동이다. 지금은 자기를 알리고 주장하여 존재감을 높여야 할 뿐만 아니라 진정 자기가 살고 싶은 삶을 살기 위하여 노력하지 않으면 안 되는 시대이다. 따라서 지식 위주의 교육에서 열 번 더 나아가 생각하고 기록하는 일을 어떻게 일상화하고 습관화하는 것이 좋은지, 또 '글짓기'가 아닌 '글쓰기'를 어떻게 익혀 가야 좋을지 꾸준히 훈련하여야 할 필요가 있다.

언어 훈련의 첫 단계는 읽어 가며 모르는 낱말이나 용어를 찾아 써 보고, 새롭게 알게 된 사실이나 마음에 드는 문장이나 멋진 표현을 옮겨 적고 소리 내어 읽어 보는 것이다. 의문스러운 점이나 화가 치밀어 오는 부분도 메모한다. 스스로 찾아보고 마음에 담아 보는 것이다. 이러한 활동은 언어 구사 능력 향상은 물론이요, 그 사람의 언어 생활과 삶을 규정짓게 하는 길이다. 수업 시간에 좋은 구절이나 문장을 전체 학생들 앞에서 소개하고 낭독하는 것을 지속해 나간다면, 기록하는 일이 어느새 습관이 되어 내 삶에 밸 것이다.

나는 평소에 안동 출신 작가들 가운데 독립투사이자 시인인 이육사와 '성자'라 불리는 권정생의 삶과 작품을 알려야 한다고 강조해 왔다. 다음은 권정생의 『몽실 언니』를 읽은 한 학급의 기록을 모은 것이다. 이후 두 사람의 문학관과 작품 배경지로 문학 여행을 떠나는 것도 당연히 중요한 독서 활동이다.

권정생의 『몽실 언니』를 읽고 (중학교 2학년)

잘 모르는 말이나 시대를 짐작할 만한 낱말

- 인민군, 공비, 빨갱이, 인민 해방군, 인민 애국가, 인민기(旗), 반동분자, 학생 의용군, 미군 병사, 양공주, 양아치, 검둥 아기, 거지, 소매치기, 구두닦이, 양담배 장수, 껌팔이, 신작로, 암죽, 고추떡…

의문점

- 전쟁 중 먹을 것도 없는데, 진달래꽃을 양동이 가득 꺾어 와 파는 소녀가 있었다.

대체 어떤 사람이 꽃을 살까? 사 가는 사람이 있으니까 팔지. 한 묶음에 10원이라 하였다. 다 합쳐도 30원인데 몽실이가 100원을 준다니까 '난 거지가 아니니까 공으로 돈 받지 않아요.' 하는 자존심 강한 소녀가 살기 힘든 때에 존재하다니 가능한가?

- 까치바위골에선 앵두나무 집 아들이 쌀가마니를 훔쳐 달아났는데, 다음날 아침에 보니 쪽지를 써 놓고 갔더래? 도둑질은 몰래 하는 것인데 어떻게 쪽지를 써 놓고 갈 생각을 할 수가 있을까?

- 몽실이를 비롯한 모든 등장인물이 표준어를 사용한다? 몽실이는 야학에 얼마간 다닌 것 외에는 학교 교육을 받은 적이 없다. 근데 얼마 전 권정생 님 3주기 기념 『몽실 언니』 문학 기행 때 알았다. 어린이 잡지에 연재하던 중 출판사로부터 표준어로 써 달라는 요청이 있었다고. 만약에 사투리로 쓰였다면 지금보다 더 읽혔을까? 덜 읽혔을까?

- 왜 제목을 '몽실이', '몽실 누나'로 하지 않고 '몽실 언니'라 했을까?

- 작품에는 안동이라는 지명이 한번도 나오지 않는데 왜 공간적 배경을 안동이라 하는가? 안동이라 한 적은 없으나, 권정생 님의 삶을 보면 몽실이의 행적이 작가가 살아 온 행적과 동일하다는 것을 발견할 수 있다. 〈보기〉 살강 마을(안동 임하면 수몰 지역), 댓골(청송 현서면 대곡 마을), 노루실(안동 일직면 노루골), 시골 장터(운산 장터). 시골 정거장(운산역) 등.

....

새롭게 안 사실

- 새엄마(계모)에 대한 이미지가 바뀌었다. 나쁜 데서 좋은 쪽으로.

- 엄마가 다르거나 아버지가 다른 동생들을 세 명이나 차별 없이 키우는 몽실이가 대단하다.

- 시대적 배경이 1946년 해방 직후부터 1953년 한국 전쟁 사이이다.

- 인민군 혹은 빨갱이는 공산주의자들을 가리킨다. 그런데 이 사람들도 우리와 똑같은 사람이다.

- 몽실이 7살부터 아마 12살까지의 이야기이다. 물론 마지막에 30년 후 이야기도 잠깐 있지만 대부분 이 사이에 있었던 이야기이다.

- 먹을 수 있는 풀을 오늘날 '구황 식물'이라 한다. 근데 그 이름들을 다 알다니 작가는 식물에 대한 지식도 상당한가 보다.

- 전쟁이 끝났으나, 정전 협정이 아닌 휴전 협정이다.

- 미군과 양공주 사이에서 태어난 아이가 곧 혼혈아인데, 미군의 대부분이 흑인이었으므로 검둥 아기를 낳았다.

- 엄마가 둘, 아빠도 둘, 엄마가 다르고 아버지도 다른 아이(동생)가 있을 수 있구나.

- 역사에 대한 지식이 있어야 문학 작품도 더 잘 이해할 수 있다.

마음에 드는 인상적인 구절이나 문장

- "별이 너무도 많이 나와서 온통 꽃밭 같았다." - 그렇게 힘든 삶을 살고 있으면서도 어떻게 이런 아름다움을 볼 수 있을까. 감탄~!

- "뒷산 골짜기로 보리둑 나무가 무성하여 달밤엔 은빛 잎사귀가 아름다웠다." - 표현이 시골처럼 정겹다!

- "나쁜 건 따로 있어요. 어디선가 누군가가 나쁘게 만들고 있어요."

- "그러지 말아요. 누구라도, 누구라도 배고프면 화냥년도 되고 양공주도 되는 거예요." - 버려진 검둥 아기를 욕하는 사람들에게

- "몽실은 영원히 이 집에서(최 씨 집) 함께 살아도 좋을 것 같다. 겨울바람이 추웠지

만, 최 씨 집은 매우 따뜻했다. 넉넉한 살림은 아니지만, 모두가 열심히 일해서 살아

가기 때문에서 따뜻하고 행복한지도 모른다."

-"배운다는 것은 어머니의 젖을 먹는 것과 같은 것이다. 어머니의 젖은 키를 크게

하고 몸을 살찌우는 것이고, 배우는 것은 머리가 깨고 생각을 자라게 한다." - 야학

선생님

-"난 거지가 아니니까 공으로 돈을 받지 않아." - 꽃 파는 아이

-"모두 춥지 않을까? 저렇게 지키고 있으면 공비들은 마을에 내려오지 못하고, 무얼

먹고 살아갈까?"

-"몽실아, 아버지 먼 데 가서 돈 벌어 올게. 그래서 쌀도 많이 사고 몽실이 꼬까옷도

사자."

-"그럼 됐지. 옷은 입으면 더러워지니까. 별로 버린 것 같지 않은데, 넘어졌으면 다

친 데 없니?" - 북촌댁이 만들어 준 옷을 버렸을 때. 북촌댁은 참 착하다. 친엄마 밀

양댁보다 더 엄마 같다. 아니 언니 같고 친구 같다.

-"몽실아, 아기 업고 고모, 고모네 집에 찾아 가거라." - 북촌댁은 죽는 순간에도 몽

실을 걱정하는 마음이 감동스럽다.

-"엄마 원망 안 해. 사람은 각자가 자기의 인생이 있다고 했어." - 착한 몽실이는 이

럴 수 있을지 모르겠지만, 나는 어머니와 헤어지게 된다면 너무나 슬퍼서 같이 따라

가거나 안 보낼 것 같은데 약간 이해가 안 돼. 아마…, 어머니의 행복을 빌어준 것이

아닐까?

-"몽실아, 엄마는 죽일 년이야. 그러니까 그런 나쁜 엄마는 싹 잊어버리고 우리 둘이

서 살자. 아버지가 널 고생 안 시키고 먼데도 안가고 고함도 치지 않을게." 몽실은 아

무 말도 안했다. - 나라도 아무 말 안 했을 것이다.

- "몽실이는 자주 울 때가 많은데 이젠 울지 말고 참도록 해요. 나도 많이 울었지. 눈물이 마르지 않을 만큼 매일 울었으니까 어떠했겠니? 그러나 그게 부질없었어. 그렇게 울지 말고 입술을 깨물었으면 난 좀 더 건강할 수도 있었을 거야. 우는 건 참 못난 짓이야." – 북촌댁은 뭐가 그렇게 슬펐을까?? 알고 싶어.

- "몽실아. 사람은 누구나 처음 본 사람도 사람으로 만났을 땐 다 착하게 사귈 수 있어. 그러나 너에겐 좀 어려운 말이지만, 신분이나 지위나 이득을 생각해서 만나면 나쁘게 된단다. 국군이나 인민군이 서로 만나면 적이기 때문에 죽이려 하지만 사람으로 만나면 죽일 수 없단다." – 여자 인민군의 말이 가장 인상 깊다. 나도 오직 하나의 이익 때문에 사람을 만났다가 나중에는 서로 등 돌릴 수밖에 없었던 적이 있다. 다음부터는 사람으로 만나는 사람이 되어야겠다.

- "사람은 누구나 사랑을 느꼈을 때만이 외로움도 느끼는 것이다. 그것이 친구이든 부모님이든 형제이든 낯모르는 사람이든, 사람끼리만이 통하는 따뜻한 정을 받았을 땐 더 큰 외로움을 갖게 되는 것이다."

....

감상

- 몽실이는 잡초다. 잡초는 아무리 밟혀도 꿋꿋하게 그 자리를 지키고 있다.

- "(우리가 해방된 후) 만주나 일본 같은 외국으로 나갔던 사람들이 줄지어 돌아왔다. 그러나 돌아온 사람들에게, 기대했던 조국의 품은 너무나도 초라하고 쌀쌀했다."라는 글이 가장 기분 나빴다. 권정생 할아버지의 글이 나쁜 게 아니라 그 내용이 마음에 안 들었다. 일본에게 지배를 당할 때 어쩔 수 없이 나간 우리 동포들에게 따뜻한 말한 마디 못해줄 망정 어떻게 거지라는 말을 할 수가 있을까! 너무하다. '거지'라는 표현, 너무 마음에 안 든다.

– 몽실이가 바보 같다. 착한 드라마를 봤을 때 드는 생각처럼 몽실이가 참 바보 같다는 생각을 한다. 어지러운 세상을 살면 당연히 마음에 때가 묻기 마련인데. 어쩜 이렇게 착할 수가 있지? 짜증 나 죽겠다.

– 『콩쥐 팥쥐』나 『백설 공주』 같은 동화에 나오는 새엄마처럼 나쁘거나 딸을 미워하는 게 아니라, 북촌댁과 같이 좋은 친구 관계가 될 수 있다는 사실을 처음 알았다. 신선한 충격이다.

– 자식과 죽지 않고 살기 위해 새 남자를 따라 가는 엄마를 과연 나쁘게만 볼 수 있을까? 겉으로 보이는 것만 가지고 도덕이나 양심, 책임을 말할 수는 없다. 사람은 각자 복잡한 사연들이 섞여 있다.

– 몽실이가 요즘 태어났다면 어떤 아이가 되었을까? 여전히 착할까? 또 우리가 이 시대에 태어났다면 어땠을까? 성격은 시대에 따라 달라지고 변할 수 있다.

내용 요약하기

　글을 길게 쓰는 것을 부담스러워 하거나, 간단한 이야기도 핵심을 이해 못하고 내용을 전달하지 못하는 학생의 경우에는 그저 한두 줄로 내용과 감상을 적도록 하는 것이 글쓰기에 대한 흥미를 떨어뜨리지 않게 하는 방법이다. 혹은 좋아하는 구절을 옮겨 쓰거나 인상적인 장면에 대하여 그림을 그리게 해도 좋겠다.

　게다가 『이솝 우화』나 『생각에도 길이 있다』나 『7년 간의 실수』 같은 교훈적인 글이 여러 편 실려 있거나 학생 작품집일 경우에는 상세한 글 소개나 감상문은 그다지 필요 없다. 단지 어떤 내용인지 요점만 간단히 적고, 대표적인 단어 하나로 감상을 대변하는 것도 자기 정리에 도움이 된다. 그러다가 아주 공감이 가는 주제나 흥미 있는 글에는 별표 표시를 하여 길게 집중적으로 표현하고, 또는 친구들과 함께 하는 토론 거리로 남겨 두어도 좋겠다.

내용을 요약하는 게 어느 정도 익숙해지면 친구들이 발표하는 내용이나 교사의 설명을 들으면서 자유롭게 기록하는 것이 한결 익숙해진다. 또 다른 과목 수업을 듣거나 상급 학교에 진학한 뒤에도 스스로 공부하는 힘을 기를 수 있다.

『생각에도 길이 있다』를 읽고 (중학교 1학년)

- **길잡이를 죽이면 어떻게 될까?**: 너무 어리석다. 길잡이를 죽이면 어차피 자기네도 죽는다는 생각을 왜 못했을까? 그러니까 하나를 알면 열을 알아야지.
- ★● **귀를 막아도 방울은 울린다**: 나도 이 사람이 어리석다고 생각하지만, 그럼 나도 어리석다. 나 위주로 세상이 돌아간다면 깨우침이 없을 것이다. 나도 나만 생각하면서 걸으니까 주위 사람들이 시끄럽다고 한다.
- **내려오는 돌을 다시 밀며**: 잔꾀를 내면 그때는 괜찮을지 모르지만 들통이 난다. 그리고 나라면 내려오는 돌을 밀 생각만 하지 않고 다른 생각도 해 보겠다.
- **뗏목을 버린 나그네**: 한 가지로 슬퍼할 것이 아니라, 또 다른 것을 생각하며 다른 사람에게도 기쁨을 줄 수 있다는 것이 얼마나 반갑고 보람 있었을까?
- **무엇이 가장 소중할까**: 이해가 잘 되지 않는다. 셋째가 하나 있는 사과를 아낌없이 주어서 좋긴 하지만, 그 남은 두 명 역시 막내가 한 것처럼 소중한 일을 하지 않았는가? 아리송~!
- **작은 성실**: 나중에 고쳐야지 하는 사람은 너무 게으르고, 하는 김에 한다는 그것이 큰 도움이 됐다. 자기 일도 아닌데 구멍 난 것을 고쳐 주다니. 그런 몸에 밴 성실함이

목숨을 구하게 했다. 그런 성실한 사람은 성격이 타고 나는 걸까?

★● **보아도 볼 수 없다**: 나도 이런 적은 많았으나, 그렇게 깨우친 적은 없었다는 게 창피하다. 건망증도 거저 듣고 읽는 데서 생기는 게 아닐까 생각했다.

● **잊으라는 건 안 잊고**: 고소하다. 얼마나 고소한지! 도로 보따리에 정신이 팔려 더 손해일 뿐이지 않나. 어리석기 짝이 없다.

★● **모를 잡아당기면 빨리 자랄까?**: 성미 급한 사람 이야기다. 우물에 가서 숭늉 달라고 한다. 이 사람의 성급함은 나하고 똑같다. 나도 부모님이 "좀 있다가 어디 간다."라고 말하면 5분 있다가 "언제 가?" 하고 묻고, 또 5분 뒤에 "누구랑 가?" 하고 묻고…. 이것 때문에 늘 잔소리를 듣는다.

★● **진주와 진주함**: 나도 어릴 때 지우개 사기를 좋아했는데, 예쁜 겉모양만 보고 질은 상관없이 사는 버릇이 있었다. 그리고 잘 안 지워지면 버리고. 그러다가 엄마가 지적해 주셔서 고칠 수 있었다.

저장 : 함께 사랑하게 조색

「아우를 위하여」·「우리들의 일그러진 영웅」를 비교 감상.
황석영   이문열.

2005. 5. 26. 목 5

25. 이정민 - 「전태일 평전」 - 바보회·삼동 친목회. 2004. 9. 1부터 2005. 8. 31. 294원⇒

시간당 노래방을 운영하는 자신의 집 또한 하루에 11시간 동안이나 일을 한다.
(착취)
참녀군 5여이 죽었다. 빛이 눈덩이처럼 불어나 줄지도 못한다.   "우리런 그렇게 못 산다."

근로기준법 X   작업 X .

이러한 일들은 정부의 무관심의 실수. 가난한 자는 부자의 노예가 되고 있다.

민족적 사명감을   9. 김정운 - 「심시일반」 - 인형을 주제로 한 책. 여러 차별을 만화로 그렸다. 작가에 대한
가지고 돌을 쉬워라.
소개. 10인의 작가. 「새 봄 나비 라라 화복한. 최저 생계비 ⋯ 28만원. (방) 50인원안팎.
⋯의 현실과 투쟁.
장애인들 보면 꽃꽃. 째려봄. 장애인들 위한 모든 것이 범상화되지 않나 이 세상.
불편한한 세상에서 살아가는 사람들을 위한 모든 것이 필요하다.

32. 조성영 - 「아우를 위하여」 - 영혜가 사회상으로는 지배자. 담임생의 얘기로 현실을
일게 될. 탈화를 찾으려고 찾다가 관절이 닳런 뼈를 발견.

검정이 같은 자신의 모습이 시도하려도 해 보자! 동생과 함께 있고 남에서 그녀에게서
떨어진 누나. ⇒시대로 보면 자랬으려구나. 나는 다리가 부러지거라도 동생과 있고 싶지는 않다.

동생에게 집집 편지를 썼고 동생이 답장을 썼다. "누나야! 미안하鬪" 가족과 동생이란한 사랑
그리고
↳문화와의 만남. (생각·삶의 방식) 50·60년대.

34. 수혜원 - 「19세」- 자전적 소설. 주몽 정비가 고등학교 중퇴하고 농사를 지음.
하지만 자신은 고등학교 중퇴하고 농서를 것고 부자는 없음. //

◇ 신기·놀라운 반응

- 남자애가?
- 남자는 무뚝뚝하다.
- 가족인데 (편지를 잘 안 쓴다.)
- 남자는 편지를 안 쓴다
- 사춘기 남자애는 편지 같은 거 아예 안 쓴다. (쑥스러워해)
- 부러워
- 연애 하기 힘들다 (반응이 없다.)

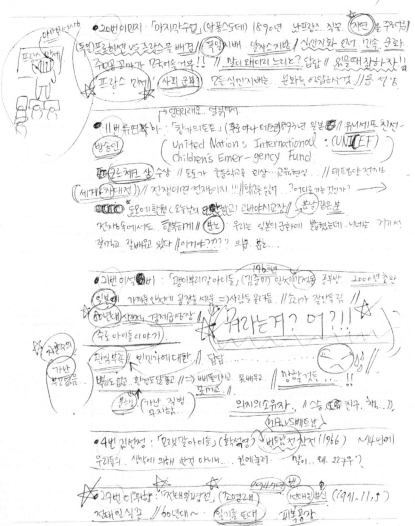

새롭게 알게 된 사실이나 마음에 남는 문장을 메모한다.

글의 다양한 전개 방식
예문 찾기

흔히 학교나 일상생활에서 가장 많이 쓰는 글은 생활문이라고 알기 쉽지만, 사실은 대부분 설명문이다. 생활문 쓰기는 글을 쓰는 훈련으로 보는 것이 더 적합하다.

설명하는 데는 정의, 예시, 열거, 서사, 묘사, 분류, 분석, 인과, 과정, 비교, 대조, 열거, 인용 등 여러 가지 방식이 있다. 혼자서 글 쓰는 것을 두려워 한다면 두 명씩 짝을 이루거나 4~5명씩 모둠을 짜서 연구하여 발표해 보자. 그러면 각 방식에 대해 더 잘 이해할 수 있고, 말하고자 하는 내용에 따라 더 효과적인 방식을 찾아 낼 수도 있다. 다양한 매체를 이용하여 발표하되, 각 방식의 예문을 직접 쓰거나 교과서 안에서 적절한 내용을 찾아내도 좋다. 특히 다른 과목 교과서를 활용한다면 여러 교과에 대한 이해도 높일 수 있으므로 1석 2조의 효과를 올릴 수 있다.

〈정의〉 이숙희, 주소현, 김선화, 장영란, 김은영

● '정의(定義)'란? 어떤 말이나 사물의 뜻을 명백히 밝혀 규정하는 일 또는 그 뜻.

예: 사회 보장이란, 국가가 국민을 불행으로부터 보호함으로써 국민이 '최소한의 안 정된 생활'을 할 수 있도록 보장하는 것을 뜻한다.

〈예시〉 김수진, 심지연, 임진희, 양은주

● '예시(例示)'란? 구체적인 예를 들어 설명함으로써 독자의 이해에 도움을 주는 전 개 방법이다.

예: 국민은 깨끗한 환경에서 생활할 권리가 있고, 동시에 환경 보존을 위해서 노력할 의무가 있다. 우리가 선 자리에서 할 수 있는 일은 무수히 많다. 그 예로는 가정에서 할 수 있는 일은 합성 세제 사용량 줄이기, 쓰레기 분리수거, 식사 간소화, 정화조 설 치, 물품 재활용 등이 있다. 또 공장에서는 오염원 발생을 줄이고, 정화 시설을 설치 하고 자동차는 배기가스를 줄여야 한다. 정부는 정부대로 개발 제한 구역, 상수원 보 호 구역, 청정 수역, 국립공원 등을 지정, 운영하여야 한다.

〈분류〉 배미혜, 노개이, 배시영, 전영주

● '분류(分類)'란? 공통된 성질의 것끼리 나누거나 묶는 전개 방법이다.

예: 민화는 주제에 따라 크게 종교적 민화와 비종교적 민화로 나눌 수 있다. 종교적 민화에는 한민족의 가장 오래된 원초적인 믿음으로 현재에도 남아 있는 무신·무속에 관계된 민화와 불교나 유교에 관계된 민화가 있다. 아름다움을 추구하는 비종교적 민 화에는 풍경화, 화조도, 평생도, 경직도, 수렵도, 책거리 그림 등 종류가 수없이 많다.

〈묘사〉 윤점순, 권정현, 백미현, 김선혜

● '묘사(描寫)'란? 사물의 모습이나 상황, 빛깔, 소리, 냄새 등을 눈에 보이듯이 그려

내는 방법이다.

예: 무더기무더기 핀 진달래꽃이 분홍 무늬를 놓은 푸른 산들이 사면을 둘러싼 가운

데 소복이 들어앉은 일곱 집이 이 마을의 전부였다. 영마루에서 내려다보면 꼭 새 둥

우리 같았다. 마을 한가운데에는 한 그루 높은 소나무가 서 있고, 그 소나무를 받들어

모시듯 둘레에는 집집마다 울 안에 복숭아꽃이 활짝 피어 있었다.

다음은 '설명하는 여러 가지 방식 중 적절한 것을 선택하여 주
변 친구 중 한 명에 대하여 글을 쓰라'는 과제로 학생이 쓴 글이
다. '묘사'를 주된 방식으로 하여 그 친구가 누군지 모르는 사람
도 생생하게 눈에 그릴 수 있을 정도로 잘 썼다고 박수를 받았다.

우리 반 친구 지양이. 누구 앞에서나 무슨 말이든지 간에 자기의 생
각이나 느낌을 충분히 표현하고 정확히 전달할 수 있는 그녀는 늘
앞자리에 앉아서 우리 반 아이들로부터 선망의 대상이 되고 있다.
부끄러운 일이 있으면 남자처럼 그 숱 없는 머리를 긁적긁적 긁는
다. 비실비실 걸으며 자기가 좋다고 생각한 대상에게는 그 사람이
자기를 어떻게 생각하든 간에 매달리며 갖은 애교를 다 부리는 그
녀. 기쁠 때면 늘 흥얼흥얼 콧노래와 함께 말을 많이 하고, 기분 나

쁜 일이 있을 땐 아무 말 없이 자기 하는 일에 정신 팔려 그저 침묵만을 지키며, 그 도수가 지나치면 죄 없는 연습장을 푹푹 조각조각 찢으며 무슨 소린가를 중얼거린다. 그래도 새것은 찢기 아까운지 다 쓴 새까만 연습장만을 골라 찢곤 한다.

이마 위에는 약간의 청춘 다이아몬드가 반짝이며, 코보다 한 치나 더 나온 것 같은 이빨, 그 이빨 때문에 껌 씹기가 곤란하다던 그녀의 한탄 소리를 들으며 난 얼마나 배를 잡고 웃었던지. 걷는 모양은 또 어떤데. 약간 앞으로 엎어질 듯 다리보다 발이 몇 초는 더 먼저 땅에 내려 갓 걸음마를 배우는 아가마냥 엎어질 듯 자빠질 듯 그러면서도 한 번도 넘어지는 일이 없는 그녀가 용하기도 하다.

그러한 그녀의 하나하나가 다른 이와는 다른, 이상하고 특이한 성격과 개성이 있는 듯, 우리는 그녀의 성격을 알다가도 모르겠다. 그녀의 내적인 면은 아주 많은 성장을 해 버린 듯하다. 아주 내성적인 것 같으면서도 자기의 생각과 주장을 남에게 곧잘 이야기하곤 한다. 어떨 땐 가끔씩, 아주 가끔씩 이상한 애로 보이기까지 한다. 우리는 그녀를 인상 깊게, 그리고 부러움을 느끼고 있지만, 왜 그녀를 좋아할 수 없는지 모르겠다. (고1)

가을 백일장

대단원이 끝날 때마다
감상 쓰기

자기 생각과 느낌 키우기는 어느 날 갑자기 되는 것이 아니다. 생뚱맞게 다른 데서 글감을 가져올 것 없이 늘 배우고 있는 교과서에 나오는 작품들을 내 삶과 관련지어서 자기 생각과 느낌을 적는 것을 생활화하는 것이 좋다. 한 단원이 끝나거나, 활동을 끝낸 다음 짧게라도 자기 생각과 느낌을 쓰는 습관을 들이는 것이 필요하다. 이런 훈련을 통해서 실력을 쌓다 보면 독서 감상문을 쓰거나 토론회나 논술을 준비할 때 두려움이 없어진다.

'읽기와 매체 활용' 단원을 끝내고

여태까지 한 단원 중에서 가장 아쉬움이 많고 부족했던 단원이다. 사실 우리는 매일을 매체를 활용하면서 살아가고 있지만, 그런 익숙함 때문에 매체 활용의 소중함과 중요성을 인식하지 못하고 있다.

이번 단원을 공부하지 않았더라면 나는 도대체 언제까지 매체 사용의 중요성도 모른 채 살아가고 있을지 상상조차 가지 않았다.

하지만 5단원을 공부하면서 중요성만 인식했지, 정작 내가 직접 매체 활용을 한 것은 얼마 되지 않았다. 「무궁화」를 하면서 책에 있는 사전을 본 것과 선생님의 말씀을 들은 것이 전부였고 『시집가는 날』을 하면서 나는 인터넷으로 검색조차 하지 않았다. 뒷이야기는 친구들의 이야기를 통해 알았고, 그 당시 포스터는 문제집에 나와 있어서 볼 수 있었다. 결과적으로 식물 책받침을 만들 때 인터넷을 사용한 것과 수업 시간에 사전을 이용한 것을 제외하면 백과사전, 잡지, 신문 등 다른 다양한 매체들에는 손도 안 댄 거나 마찬가지였다.

생각해 보니 이건 아쉬움이 아니라 거의 나의 잘못에 대한 반성에 가까운 것 같다. 내가 미처 하지 못한 것은 아쉬움을 느끼지만 내가 할 수 있었음에도 불구하고 그렇게 하지 않은 건 나의 귀찮음과 게으름 때문이다. 그 결과로 나에게 돌아온 건 재미있지 않게 느껴지는 수업과 뭔지 모를 허무함, 머릿속 가득한 안타까움뿐이었다.

그래도 끝에나마 반성을 하고 깨달음을 얻었으니 다행이라 생각하고, 앞으로는 나의 모든 일상에서 매체를 활용하기 위해 노력할 참이다. 조금 귀찮더라도 앞으로 나의 삶에 언젠가는 의미 있게 적용될 것을 생각하고 조금만 번거로워져야겠다.

그리고 선생님께서 시간이 부족해 못 보여 주신 거 같은데, 나중에 시간이 되면 수업 계획서에 있었던 『시집가는 날』 비디오를 보여 주셨으면 좋겠다. (중 3)

학교 뒷산과 등나무 아래에서 하는 이야기 수업

이야기 대회를 끝내고

나는 학교에서 늘 발표를 해왔다. 중학교 1학년이 되어 조금 특이한 선생님을 만났다고 생각해 왔지만, 이야기 대회는 14년 동안 한 번도 해본 적이 없는 것이었다. 선생님이 처음 이야기 대회 공지를 하셨을 때는 무엇을 할지 정말 막막했다.

첫날 등나무 아래에서 친구들의 발표를 경청하는데 친구들은 거의 동생 이야기를 했다. 나도 네 살 차이가 나는 초등학교 3학년 동생이 있어서 친구들의 이야기가 매우 공감이 됐다. 특히 채민이의 동생이 엄마의 관심을 끌기 위해서 한 행동이 나 같아서 재미있게 들었다.

여러 날을 친구들의 발표만 듣고 마음을 졸이다가 드디어 내 이야기를 펼쳐 놓게 되었다. 사람들이 생각하는 맏이에 대한 우리 가족 이야기를 했는데, 내 이야기가 끝난 뒤 선생님께서 내 이야기를 정리해 주셔서 내가 말한 이야기가 더욱 또렷해지고, 친구들이 재미있게 들었다고 칭찬해 주어서 좋았다.

그런데 많은 아이들이 줄거리나 에피소드 없이 마치 뭔가를 발표하는 것처럼 설명만 해서 지루하기도 하였다. 아직 '발표'와 '이야기'의 차이를 잘 모르겠지만, 어쨌든 점점 시간이 지나면서 아이들이 긴장하지 않고 능숙하게 앞에 나가서 자기 이야기를 하는 것은 놀라운 발전이었다. 나도 괜히 처음 부딪치는 이야기 대회라서 긴장했었는데 해 보니까 '별 거 아니네' 하는 생각이 들었다. (중1)

사진으로 쓰는
나의 이야기

　　대체로 남학생은 여학생에 견줘 자기 이야기를 잘 못한다. 아니, 읽기와 쓰기, 말하기, 듣기 등 거의 모든 언어 영역에서 남학생들은 자기표현을 잘하지 못하는 경향이 있다. 생활글을 쓰라 하면 두 줄도 못 써서 쩔쩔매는 모습은 보기 딱할 정도다. 문득 문화심리학자 김정운의 『남자의 물건』이라는 책이 생각난다. 남자의 물건이라니? 저자는 서문에서 한국 남자들이 가지고 있는 존재 불안의 원인으로 이야깃거리가 없다는 것을 들었다. 그래서 '남자의 물건'이라는 것이다. 즉, 자기 삶에서 어떤 물건을 가지고 말하라 하면 비로소 이야기가 풍성하게 쏟아지더라는 것이다. 사회의 유명 인사 김갑수, 이어령, 신영복, 안성기, 차범근, 조영남, 김문수, 문재인… 등 10명이 각각 커피 그라인더, 책상, 벼루, 스케치북, 계란 받침대, 안경, 수첩, 바둑판…에 얽힌 자기 이야기를 쏟아 놓는데 무척 재미있었다. 내 존재는 내가 하는 이야기를 통해 확인되며, 할 이야기가 많다는 것은 삶의 의욕이 충만하다는 말에도 동의한다.

사진에서 이야기를 발견하는 아이들

이에 자극 받아서 나는 사진을 선택하였다. 자기 경험 속에서 말할 수 있음직한 여러 종류의 사진을 원색으로 인쇄하여 보여 준 다음 각자 한 장씩 선택하게 한다. 국내외를 여행하며 찍은 사진이나 동네를 다니며 우체국, 들꽃, 시장, 학교, 버스 정류장, 눈 덮인 들판, 강아지 같이 어떤 장소와 사물을 찍은 사진이다.

여학생들은 반색하며 두세 장씩 집어 들고는 쓸 게 많다며 가져가고, 남학생들도 제법 관심을 가지고 고르더니 마침내 한 장씩 선택하여 글을 쓰기 시작한다.

평소에 개인적인 이야기를 쓰라고 하면 붓방아질만 하며 힘들어 하던 준엽이가 동네 이발관 사진 아래 어릴 적 부모님과 미용실 갔다가 머리 자르는게 무서워서 울다가 사탕을 주니 눈물이 녹아 버리더라는 시를 썼다. 게다가 '이용실'이 무슨 뜻인지 이리저리 상상하는 수필까지 시 옆에 써서 척 하니 내밀지 않는가.

또 글을 쓰라고 하면 한숨부터 내쉬던 효태는 눈으로 뒤덮인 하얀 들판 사진을 보고는 '어릴 때는 눈만 오면 친구들과 나가서 눈싸움을 하거나 썰매를 타는 것이 그토록 재미있었는데, 지금은 추워서 밖에 나가기도 싫고 눈을 만지는 것도 싫고, 겨울 사진만

일상생활에서 찍은 사진으로 자기 이야기를 꺼내어 본다.

봐도 감기가 걸릴 것 같다'고 글을 한가득 써 냈다. 어찌나 재미 있는지. 다음에는 각자 자기에게 사연이 있는 물건을 직접 가지 고 와서 글쓰기가 아닌 말하기를 해 보도록 하자. 여학생은 잠시 입을 쉬고 남학생들의 입을 열게 해 보는 거다.

이 사진을 보니 우리 가족 생각이 나서 슬프다. 왜냐하면 우리 가 족은 여행을 한 번도 안 가 보았다. 책에서 해외나 아름다운 풍경 사진을 보면 가족이랑 진짜 여행 가고 싶어진다. 나는 살면서 기차, 배, 비행기 타 보는 게 소원이다. 이 중에서 기차는 지난번에 한 번 타 보았고, 배와 비행기는 정말정말 타 보고 싶다. 할머니 연세가 이 제 여든이 다 되었는데 여행 다닌 추억이 없다. 돌아가시기 전에 좋 은 곳에 모시고 가서 구경시켜 드리고 싶다.

또 내 꿈이 간호사였는데 바뀌었다. 한비야 씨처럼 세계 여행을 다녀 보고 싶다. 특히 아프리카에 있는 세렝게티 공원에 가서 야생 동물을 직접 내 눈으로 보고 싶다. 그리고 그리스 로마 신화에 나오 는 파르테논 신전에도 가고 싶다. 미국도 가고 싶고…. 세계 일주를 해 보고 싶다. 물론 가족과 함께.

그러나 그보다 우선 국내를 다 돌아보고 싶다. 내 주변에 있는 도 시 말고는 아직 못 가 본 곳이 너무 많다. 전국을 돌아다니면서 경험 과 추억을 쌓다가 해외로 진출하는 거다. 올해 나의 목표는 우리 가 족과 함께 1박 2일로 떠나 보는 것! 아무 데나 좋다. 가족과 함께라 면 어디든지 갈 준비가 되어 있다. (중3 권수진)

최근에 나오는 교과서는 큼직하고 여백이 많아서 웬만한 설명이나 답은 책에 바로 기록하는 학생이 많다. 또 그 행위를 묵인하는 교사도 있어 아예 공책이 없는 학생도 많은 것 같다. 간혹 감상문이나 보고서를 쓸 때는 낱장에 써서 제출하고, 교사가 만들어 주는 학습지는 파일에 넣어서 보관하는 경향이 있다.

앞서 말했지만, 읽고 쓰고 말하고 듣는 언어 활동은 사실 분리하여 가르칠 수 없는 통합적인 활동이다. 그 모든 것이 한데 어우러지는 가운데 특별히 한 영역에 비중을 두고 집중할 뿐이지, 한 영역이 독자적으로 숨을 쉬는 것은 아니다. 따라서 국어 공책이든 독서 공책이든 언제라도 기록할 수 있는 공책 하나는 늘 준비해 놓아야 할 것이다.

그러나 여느 언어 활동이 다 그렇듯이 쓰는 것도 꾸준한 훈련 없이는 단지 지식 습득이나 기능 위주에 그치고 말 뿐, 진정한 이해와 사고, 표현 능력을 키우기에는 턱없이 부족하다. 내용을 요약하거나 책을 읽으면서 혹은 남의 말을 들으면서 기록하는 행위들은 모두 생각과 느낌을 키우고 정리해 주는 아주 기초적인 활동이다. 음성 언어는 소리를 낼 때 더욱 명확해지고, 문자 언어는 글자로 쓸 때 더욱 투명해진다.

국어 공책과 독서 공책

4장

·

세상과
마주 서게 하는
주춧돌
― 독서 수업

보물 1호
독서 공책 만들기

입시 제도는 내년이나 내일을 예측할 수 없을 정도로 바뀌어 왔고, 또 지금도 계속 바뀌고 있다. 그러나 입시와 교육 제도가 아무리 바뀐다 하더라도 국어 교육에서 변함없이 굳건히 지켜 나가야 할 목표는 변할 수 없다. 바로 이해와 사고력, 판단력, 창의력 신장이 아니겠는가? 교사들이 이 변화무쌍한 입시 제도에 순발력 있게 대응하여 입시 기술자를 키워 낸다 하더라도 국어 교육에서만큼은 느긋한 자세와 기나긴 안목이 필요한 까닭은 바로 여기에 있다.

주변 사물이나 현상, 사람에 대하여 깊은 관심을 가지고 이해하며, 자신의 생각이나 감정을 말로 나타내어 자기관을 확고히 다져 나가는 것은 하루아침에 이루어지는 일이 아니다. 따라서 주체적인 사고와 가치관을 형성하기 위해서는 우선 자신을 포함하여 주변 여타의 것들에 대하여 얼마나 관심과 흥미를 가지고 있으며, 그것을 어떻게, 얼마나 정직하고 바르게 표현할 수 있는가가 중요한 문제인 것이다.

국어 공책, 독서 공책

아이들에게 책을 읽고 무슨 이야기인지 내용을 써 보라고 하면 횡설수설하고 시작도 끝도 모호하기가 이를 데 없다. 일단 '말이 되게 써 보라'고 하여도 자기가 쓴 글을 읽으면서도 무슨 뜻인지 몰라 되읽곤 한다. 특히 마음에 드는 구절이나 문장을 옮겨 적으라 하면 무엇이 중요하고 무엇이 마음에 드는지 몰라 공책은 오랫동안 텅 비어 있다.

국어 공책만 가지고는 '읽기, 쓰기, 말하기, 듣기, 문법, 문학'의 영역들을 다 담아낼 수가 없다. 국어 공책이 국어 시간에 이루어지는 지적이고 이성적인 영역을 체계적으로 다루는 공간이라면, 독서 공책은 그 지성과 이성을 인간적이고 감성적이며 사회적으로 이끌어 가는 중요한 보조자 구실을 하는 공간이다.

그야말로 독서 공책 혹은 쓰기 공책은 숨통을 트이게 하는 출구이며, '나'를 주체로 세우는 주요 공간이다. 언제 어느 때라도 자기 정체성을 확인하며 자주적이고 책임 있는 인간으로 성장하고, 나아가서 이 사회에 어떻게 자리 잡아야 할 것인지를 스스로 인식하고 창조하는 능력을 배우는 터전이다.

독서 공책은 흔히 자기만의 표현 공간인 '일기장'과는 다르다.

자칫 공책이 아이들의 단순한 흥미와 독백으로만 그치지 않도록 지도 교사의 일관된 철학과 지도, 평가가 있어야 한다. 그렇다고 '숙제 거리'로 취급되는 것은 더더욱 바람직하지 못하다.

독서 공책은 철저히 국어 공책의 보조라는 지위를 확립해 놓지 않으면 나중에 교사의 설 자리를 빼앗기는 수가 있다. 즉, "제 건데 제 마음대로 쓰고 싶은 것 쓸래요!" 하는 아이들의 저항을 미리 방지해야 한다는 뜻이다. 재미있고, 어렵지 않고, 뿌듯하고, 그러면서도 함부로 할 수 없는 중요한 가치로 독서 공책을 인식하는 게 필요하다.

독서 공책 만드는 법

독서 공책이 이렇도록 중대한 의미를 지니고 있고 이대로만 이룰 수 있다면, 누가 뭐래도 학창 시절 최고의 자랑거리요, 재산 제1호가 될 수 있다. 처음 독서 공책을 만들 때는 한 사람당 한 권씩 반드시 두꺼운 대학 공책으로 준비하고, 자신의 각오와 다짐을 담은 제목을 붙이게 한다. 그리고 독서 공책 안에서 이루어지는 여러 글쓰기 활동은 언제 어느 때 평가하여도 좋을 정도로 언제나 성심성의껏 운영하도록 한다.

입학 때부터 시작하여 1년이면 대학 공책으로 한 권, 2년이면 2~3권, 졸업할 무렵이면 4~5권이 된다. 고등학생이라면 3학년 때는 원하는 사람만 개인적으로 공책을 제출하고 조언을 구하며 지도를 받지만, 중학생이라면 3학년 때까지 꾸준히 쓰도록 한다.

무엇을 쓸 것인가?

독서 공책이라 해서 그 범위를 독서에만 국한시킬 필요는 없다. 자기를 알아 가고 자기 이야기를 토해 낼 수 있는 공간을 마련해 준다는 데서 시작한다면 누구라도 시도해 볼 수 있다. 단지 그 교사가 맡은 과목과 특성, 방향대로 조정만 한다면 충분히 탄력적으로 운영할 수 있는 것이다.

독서 공책 활동을 시작할 때, 한동안은 자기를 알아 나가는 글을 일상적으로 쓰게 하는 것이 좋다. 아이들의 흥미와 관심을 유발시키기 위해 아이들이 좋아하는 연예인이나 스포츠 스타 등의 사진이나 기사를 가져오거나 글을 쓰는 것을 제지하거나 간섭, 금지하지는 말자. 하지만 점점 이 공책의 취지에 맞도록 계획적이고 학구적으로 채울 수 있도록 이끌어 간다.

자기가 쓴 글로 공책이 채워지는 모습을 자기 눈으로 확인할 때, 아이들은 서서히 기록이라는 것에 재미와 맛을 느끼게 된다. 그 사이사이에 교사가 정해 주는 재미있는 글감으로 자기 이야기를 솔직하게 뿜어내다 보면, 아이들은 서서히 주어진 내용을 간략히 쓰거나 자기 마음에 드는 것을 스스로 기록하는 데까지 나아갈 수 있다. 또 공책을 서로 바꿔 읽고 댓글을 써 주라 하면 거부감 없이 따른다. 쓸거리가 없을 때 글을 못 쓰고 말할 거리가 없을 때 말을 못하는 법, 할 말이 있다면 더는 쓰는 것이 두렵지 않다. 따라서 자기 생각과 느낌을 가지도록 이끌어 주는 활동이 곧 표현 활동이요, 그 속에 글쓰기와 말하기가 있고 내가 있다.

독서 공책은 나를 주체로 세우는 중요한 공간이다.

독서 공책을 채우는 다양한 활동

• 생활문

'나'의 이야기들이다. 자기 이해와 확인, 신뢰 작업을 가장 우선에 두어 자기 생각과 감정들을 몽땅 드러낸다. 살아가면서 보고 듣고 느끼고 생각한 것들을 쓴 글, 일기와 편지도 모두 여기에 포함된다. 이젠 초등학생의 수준에서 벗어나 일기장에 쓰던 내용에 제목을 붙여 생활문으로 이름을 바꾸어 한 가지 주제로 길게 써 보도록 한다.

• 논설문

논술은 물론이요, '서, 본, 결' 형식을 띤 글은 모두 여기에 포함된다.

• 감상문

이 공책의 가장 핵심으로서 독서 감상문은 물론이요, 영화, 비디오, 드라마, 연극, 연주회, 전시회, 체육 대회, 합창 대회, 예술제, 지역 행사를 보고 쓴 감상문이 모두 여기에 포함된다. 특히 독서 감상문인 경우 완성된 감상문보다는 읽어가면서 기록하는 데 더욱 치중하도록 한다. 새롭게 알게 된 사실이나 의문점, 본문 속의 좋은 글귀도 기록함으로써 독서 공책의 최우선 순위는 독서임을 명심한다.

- 기행문

소풍, 수학여행, 야영, 가족 나들이, 친구와 떠난 여행, 문화 유적지 탐방, 답사 등을 기록한다. 이때에는 현장감을 최대한 살리기 위하여 지도, 사진, 그림(스케치), 관련 기사 등 보조 자료를 함께 한다. 그리고 색깔도 더해 주면 더욱 생생하여 시각적으로도 즐겁다.

- 세상 읽기

말 그대로 세상을 읽는 것이다. 신문이나 TV, 잡지를 보면서 스크랩하거나, 기사 내용, 즉 '사실'을 요약하고 그에 따른 자신의 '의견'을 쓴다. 현재 세계와 우리 사회에서 일어나는 사실과 사건에 대하여 객관적이고 자주적인 생각을 키워 책임 있는 한 인격체로서 적극적인 사회 참여의 기틀을 쌓아 나가게 하는 지속적이고 체계적인 훈련은 매우 중대하다.

- 우정의 마당

학년말에 친구들과 서로 공책을 바꾸어 보면서 느낀 점이나 하고 싶은 말을 적어 준다. 그리고 학급 전체가 참여하는 '내가 본 친구들'과 '친구들이 본 나'를 써 보며 객관적인 평가를 바탕으로 자기 변화와 발전을 꾀하고, 친구들과는 한 해를 정리하며 우정을 다지는 계기를 마련한다.

● 선생님과의 대화

정기적으로 공책을 제출할 때마다 마지막에는 선생님께 하고 싶은 말이나, 수업 시간에 하지 못한 말 등을 편지 형식으로 적어 본다. 이 활동은 학생과 교사 사이에 생기는 틈을 메우며, 원활한 국어 시간을 만드는 다리 구실을 한다. 교사는 이 부분에서 가장 학생과 따뜻하고도 깊은 사랑과 유대감을 느끼며 동시에 자신감과 용기를 얻기도 한다.

● 기타 명언이나 일반 상식

각자 관심 있는 분야를 옮겨 적거나, 그리거나, 붙인다.

독서 공책은 나의 성장 앨범

학생들에게 좋으면 교사에게도 좋은 것인가? 결론은 '그렇다' 이다. 1981년부터 2015년까지 쉬지 않고 독서 공책으로 국어 수업을 해 오면서 때로 지치고 기력이 탕진되어 모든 것을 다 치우고 그저 교과서 중심으로, 국어 공책만 가지고 수업을 해 버릴까 하는 유혹을 한두 번 느낀 게 아니다.

그러나 아이들의 공책이 두 권, 세 권, 다섯 권씩 쌓이면서 1학년 때보다는 2학년 때가, 2학년 때보다는 3학년 때가 더 발전하고 성숙해 가는데, 그리고 그 공책이 아이들과 소통하는 통로요, 시간이 지날수록 사제지간에서 길벗으로 발전해 가고 있는데 어찌 포기할 수 있겠는가. 작게는 글씨에서부터 크게는 관찰력, 사고력, 판단력, 창의력이 무럭무럭 솟아나고, 주체적으로 발전해 가는 독립된 인격체를 만날 때의 그 기쁨과 성취감이란. 교사에게 이보다 더한 행복이 있을까.

이 공책은 학생들에게는 정신의 역사 책이요, 영원한 재산으로 기억될 것이다. 그리고 교사에게는 교단에서뿐만 아니라 인생 전체를 통해서 영원히 제자들과 교류하고 길벗으로 자리매김하게 하는 보물단지이다. 함께 나이 들어가는 옛 제자들은 나달나달한 공책을 지금껏 간직하고 있다가 까마득한 인생 후배인 지금의 내 어린 제자들을 위하여 수줍게 빌려 준다. 꼬맹이들은 1980년, 1990년대 날짜만 보고도 경악하며 저희들이 태어나기도 전의 이야기라고 믿기 어려워 한다.

세월이 흘러 아득한 옛 제자들과 만날 때면 얼굴도 몸도 변하고 때로는 이름까지도 개명하여 낯설기도 하다. 그러다가도 그 거리와 공백을 단박에 없애 주는 것이 바로 '독서 공책'이라는 사실이 얼마나 기쁘고 행복한지 모른다. 실기 평가, 수행 평가도 없던 시절에도 아이들은 독서 공책에 독서 기록뿐만 아니라 자신의 내밀한 속내 이야기는 또 얼마나 많이 토해 내었던가. 40~50대인 옛 제자에게 '나에게 독서 공책이란?'을 짧게 물어 보았다.

- 도움닫기
- 젊은 날의 자화상
- 내 정신의 성장 앨범

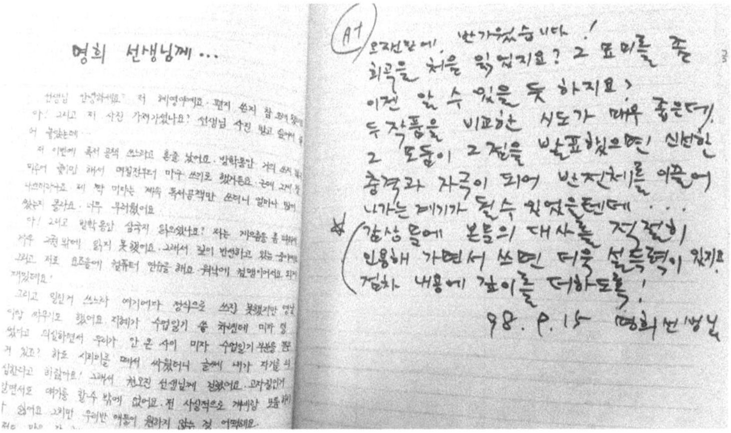

마음의 거리감을 채워 주던 독서 공책 속 대화들

- 여고 시절의 눈물과 고통

- 흩어져 있던 자아가 모아진 공간

- 내가 '나'의 주인임을 알게 해 준 것

- 타인에게 내 목소리를 낼 수 있게 한 것

- 학교 숙제인 줄 알았더니 인생 숙제가 된 것

- 절망과 혼돈의 시기에 꿈에 이르게 한 유일한 통로

- 미래의 내가 오늘의 나를 기억할 수 있는 특별한 캡슐 램프

- 내 아이에게 자랑스럽게 보여줄 수 있는 여고 시절의 정직한 앨범

- 비옥한 땅, 사람들과 더불어 평생을 살아가는 데 필요한 씨앗들이 발아된 밭

- 밥. 어린 나에게 세상과 사람을 멀리, 깊게 볼 수 있도록 키워 준 마음의 양식

그렇다면 나에게 독서 공책이란? '기쁨과 슬픔이 싸우면 기쁨이 이긴다'는 진리를 보여 준 내 삶의 증거이다. 그리고 비록 오른팔에 마비가 와서 긴 글을 쓸 수 없는 직업병을 낳았지만, 교사로서, 인간으로서, 여성으로서 자존을 우뚝 세우고, 무엇보다 인간을 사랑할 줄 알게 만든 결정체이다. 따라서 그 공책은 나를 벗어났어도 나는 그들 옆에 있고, 나 또한 그들의 숨결을 영원히 가슴 깊이 안고 살 것이다.

분야별로
돌아가며 책 읽기

한국 십진 분류표를 활용하자

초등학교와는 달리 중학교에서는 아이들뿐만 아니라 교사들도 도서관 업무나 독서 교육은 으레 국어 교사의 일이라고 생각하는 경향이 있다. 그리고 독서 활동 또한 대체로 문학에 한정하는 경우가 많다. 모든 교과는 교과서 말고도 그 나름대로 학습 목표를 달성하는 데 필요한 보조적으로 읽어야 할 책이 있다. 하지만 현실은 그렇지 않다. 업무도 많고 진도 나가기도 빠듯한데 언제 책을 읽히느냐, 교재 연구하기도 바쁘다, 입시 대비 문제라도 하나 더 풀어야 한다, 필요성은 느끼지만 안팎으로 여유가 없다, 어떻게 해야 할지 모르겠다 … 등 이유는 많다. 도서관에서 교과별로 필요한 책을 신청하라고 하지만, 그 책이 그 시간에 활용되는 것을 그다지 본 기억이 없다. 차라리 국어 교사가 책을 분야별로 돌아가며 골고루 읽히는 게 더 빠르다.

한국 십진 분류표에서는 크게 '000(총류), 100(철학), 200(종교), 300(사회 과학), 400(순수 과학), 500(기술 과학), 600(예술), 700(언어), 800(문학), 900(역사)'으로 책을 분류한다. 수업 시간에 아예 한두 시간을 할애하여 그 아래 구체적으로 어떤 분야가 여기에 속하는지, 사전을 찾아 용어를 이해해 가면서 일목요연하게 적어 가노라면 세상에는 내가 들어본 적도 없는 분야가 많기도 많구나 하고 놀라게 된다. 그리고 그동안 얼마나 편향된 독서를 하고 있었는지도 깨닫게 된다. 요리와 뜨개질이 기술 과학, 체육이 예술, 전기가 문학이 아닌 역사 분야에 들어간다는 사실도 알게 된다. 장차 심리학자가 되겠다는 아이에게는 '당분간 너는 300번(사회 과학)에서 놀아라.'고 하였다.

필독 도서 대신 분야별로 책을 읽는다

공부를 좀 한다는 아이들도 초등학교 때는 만화책만 읽고 중학교 와서는 기껏 소설책만 읽는 경우가 많다. 그러다 갑자기 독서 세계가 넓어지면 처음에는 놀라지만, 곧 다른 분야에도 신기하고 재미있는 책이 많다는 사실을 알게 된다. '종교 책이나 철학 책은 어른들만 보는 어렵고 재미없는 책인 줄 알았는데 쉽고 재미있는 책이 많아서 놀랐다, 다른 분야에도 조금씩 관심을 가지게 되었다, 편견이 사라졌다, 새로운 세계를 알게 되었다, 상식이 넓어졌다'는 아이들의 소감은 지극히 당연한 것이다. 단지 교사는 멍석을 깔아 주고 기회를 제공하면 되는 것이다.

　분야별로 책을 읽게 하는 것과 읽는 것 모두 쉬운 일은 아니다. 하나를 얻자면 하나를 잃을 각오를 해야 힘 있게 추진할 수 있다. 한 분야를 읽는 기간은 학교 상황과 학생이 처한 상황과 처지에 따라 2주 혹은 4주씩 잡아 본다. 그래서 한 학기에 열 개 분야에 걸쳐 한 권씩 읽으면 1년이면 두 권씩 읽을 수 있다. 그 목록만 간략히 소개하면 다음과 같다.

중학교 1학년 분야별 도서 목록

번호	300 사회 과학		
	책 제목	지은이	출판사
1	마시멜로 이야기	호아킴 데 포사다, 엘런 싱어	한국경제신문환경BP
2	경청	조신영, 박현찬	위즈덤하우스
3	심해전쟁	사라 치룰	엘도라도
4	온몸으로 부딪쳐라	이명박	랜덤하우스코리아
5	대략 난감 e세대 함께하는 e공감	배은주	책보세
6	서정오의 우리 옛이야기 백 가지	서정오	현암사
7	될 수 있다!(컴퓨터 편)	김시아	청년사
8	스티브 잡스	월터 아이작슨	민음사
9	십시일反	박재동 외	창비
10	아침형 인간	사이쇼 히로시	한스미디어

번호	500 기술 과학		
	책 제목	지은이	출판사
1	문성실의 냉장고 요리	문성실	마호
2	패션의 탄생	강민지	루비박스
3	북극곰은 걷고 싶다	남종영	한겨레출판
4	내가 먹는 것이 바로 나	허남혁	책세상
5	별난 정보, 별난 사전	별난정보 기획팀	눈과마음
6	한식, 세계를 요리하다	손창호	럭스미디어
7	끄는 부모 미는 부모	허영림	클로벌콘텐츠
8	자녀 성공의 key는 아버지가 쥐고 있다	이해명	예담friend
9	고릴라는 핸드폰을 미워해	박경화	북센스
10	은은한 색채의 미학 우리 민물고기	백윤하, 이상헌	씨밀레북스

번호	900 역사		
	책 제목	지은이	출판사
1	오사카, 고베, 교토	정구미, 김미정	안그라픽스
2	조선 시대 사람들은 어떻게 살았을까	한국역사연구회	청년사
3	명장열전	이성무	청아출판사
4	청소년을 위한 삼국유사	일연/김혜경 편	서해문집
5	스티브 잡스 이야기	짐 코리건	움직이는서재
6	인생의 참스승 선비	이용범	바움
7	선생님도 모르는 지리 이야기	세계박학클럽	글담
8	왕의 서재	소준섭	어젠다
9	14살 인생 멘토	김보일	북멘토
10	먼나라 이웃나라 4 영국	이원복	김영사

3년 내내 분야별로 골고루 돌아가며 책을 읽은 한 학생이 졸업 즈음에 "분야별로 읽으니까 독서 활동이 풍요로워지는 것 같아요. 저는 900번 중에서도 전기문을 읽는 것이 소설보다 재미있었어요. 가장 행복하게 읽었던 것은 교황 요한 바오로 2세의 전기였어요."라고 말했다.

이 말은 독서 수업을 하면서 내가 가장 듣고 싶어 하는 말이다. 허구가 아닌, 실제로 이 세상을 산 사람의 이야기는 특별히 아이들에게 깊이 파고들어 진로를 결정짓거나 인생의 전환점을 만들어 줄 수도 있을 것이기 때문이다. 그래서 특히 역사는 아이들이 많이 읽어 주기를 내심 고대하며 교과 단원과 연계하여 정성을 들인 분야이다.

학교 도서관에서는 전기를 분류하는 사람에 따라, 그 인물의 업적에 따라 '종교, 철학, 사회 과학, 순수 과학, 기술 과학, 예술, 언어, 문학, 역사'에 등록하기도 하므로 이곳저곳에 전기문이 섞여 있다. 그럴 때는 한 인물의 일대기를 다룬 책을 전 분야에 걸쳐 있는 대로 찾아내서 책상 위에 수북이 올려놓고는 제목을 옮겨 쓰게 한다. 온 분야에 걸쳐 이러한 사람이 있다는 것을 대략 알게 하고 싶어서이다. 제목을 쓰다 보면 인물 앞에 붙은 수식어로 그 사람이 어떤 인물인지 한눈에 알 수 있다.

"선생님, 마리아 칼라스가 누구예요?"
- 가수다. 미국에서 태어난 유명한 소프라노 가수.

"마틴 루터 킹은 흑인 인권 운동가라고 하는데, 맬컴 엑스와 넬슨 만델라와 똑같이 흑인 운동가예요?"

- 응. 마틴 루터 킹은 온건파인데, 맬컴 엑스는 강건파라서 16발의 총을 맞고 죽었어. 넬슨 만델라는 흑인 최초로 대통령이 됐지.

"이휘소는 뭐 하는 사람이에요?"

- 물리학자야. 미국에서 더 유명하고, 업적이 굉장히 많은 훌륭한 사람이야.

"시몬느 베이유가 누구예요?"

- 프랑스의 지성인이고 뛰어난 작가야. 그리고 여성 운동가야.

"마더 테레사는 어느 나라 사람이에요? 흑인이에요?"

- 종교인이고 인도 사람이야. 흑인은 아니지만 유색 인종이지.

"전태일 평전도 전기예요? 평전이 뭔데요? 전태일은 노동자라면서요?"

- 한 사람의 일생에 대해 평론을 곁들여 써 내려간 전기를 '평전'이라고 해. 전태일은 노동자들의 인권을 위해 일찍이 분신을 한 투사야. 일기를 꾸준하게 썼어.

"샘, 제로니모가 인디안 추장이래요. 아파치 족이라는데 부족이 여럿 있었나요?"

- 응, 인디언은 여러 부족이 있었고, 제로니모는 백인들과 싸운 인디언 아파치 족의 마지막 추장이었어. 그의 연설이 세계적으로 굉장히 유명해. 『내 영혼이 따뜻했던 날들』에 나오는 할머니, 할아버지는 인디언 체로키 족 후손이잖아.

"헬렌 켈러는 뭐 하는 사람이라고 써요?"

- 못 보고, 못 듣고, 말 못하는 장애인으로서 훗날 사회 운동가로 활약했지.

"프리다 칼로는 화가라는데, 생전 처음 들어 봐요."

- 멕시코의 유명한 화가인데, 화풍이 엄청나게 독특하고 험악한 경험을 많이 했는데도 굴하지 않고 예술을 불태운 군센 여자야. 혹시 책 읽고 관심이 있으면 영화도 보여 줄게.

한 시간 동안 50명 넘는 인물을 독서 공책에 써 나가면서 관심 있는 분야의 관심 있는 인물은 따로 표시해 두라 이른다. "이렇게 하나씩 알아 나가는 거지. 뭐든지 처음에는 다 몰라. 어쩌면 이 사람들이 너희들을 아주 많이 변화시킬지도 모른다."고 말하면서.

아이들이 고심 끝에 선택한 인물은 스티브 잡스, 맬컴 엑스, 데즈카 오자무, 노먼 베순, 아인슈타인, 코코 샤넬, 빌 게이츠, 이상, 백남준 등이다. 선택한 인물을 보니 대체로 외국인이다. 그리고 아인슈타인이 아직도 나오는 걸 보니 '전기' 하면 '위인'을 생각하는 고정 관념에서 아직 벗어나지 못한 게 아닌가 하는 생각이 든다. 다음번에는 국내 인물로 한정해 볼까 한다.

자신이 선택한 인물 전기를 2주 동안 읽고 발표하되, 각 인물에 대한 이해를 돕기 위한 보조 자료를 두 개 이상 첨부하거나 제시하고, ① 누군데?(인물) ② 뭐 하는 사람인데?(직업) ③ 언제 적 사람이야?(시대) ④ 어디 사람인데?(공간) ⑤ 뭘 했대?(활동 내용) ⑥ 어땠어?(감상, 본문에서 적절한 예를 가져올 것) 이 여섯 가지 내용을 빠짐없이 넣어서 발표하도록 한다. 다 끝난 후에는 종합 감상문을 쓰고 공책을 서로 돌려 읽으며 댓글로 감상 및 평가를 해 준다. 후속 작업으로 때마침 한 출판사의 협조로 인물 전시회 기간에 흑인 맬컴 엑스의 삶과 업적을 복도에 일주일 동안 전시할 수 있어 전기문 읽기 활동 마무리로 더할 수 없는 좋은 시간이 되었다.

기다린다는 것

교사라면 아이들이 책을 제대로 읽기는 했는지, 무엇을 생각하고 무엇을 느꼈을지 궁금하기 그지없다. 그러나 학생들에게 다양한 세계를 맛보게 하겠다는 목표를 세웠으면 독서 감상문이나 토론에서 욕심이나 간섭, 개입은 한동안 거둬들이는 것이 좋을 것이다. 자극과 깨달음의 순간을 경험하도록 그저 가만히 있는 것이 얼마나 어려운지 알지만, 나 또한 그 뜨거운 인내와 응시가 얼마나 값진 행위인지 젊은 시절에는 미처 몰랐다.

도서관이나 교실에서 한 시간 내내 좋아하는 책을 읽도록 그저 내버려 둔 적이 몇 번이나 있는가? 혹은 계획적인 독서를 하더라도 정규 시간에 교과서가 아닌 책을 부담 없이 읽으라 한 적은 얼마나 있는가? 독서 공책에 아무런 기록도 하지 않은 채 교실 밖으로 나가 각자 좋아하는 자리에 가서 서서 읽든 걸어가며 읽든 책만 읽혀 본 적이 한 번이라도 있는가?

가끔은 혹은 한 학기에 한 번만이라도 이런 시간을 경험한 아이들은 주제가 있는 독서, 분야별 책 읽기, 교과서와 관련되는 책

교실 밖 좋아하는 장소 어디서든 책을 읽게 하자.

을 읽으라고 할 때 책을 받아들이는 품이 전보다 훨씬 넉넉해져 있음을 알게 된다.

책을 읽으면서 깔깔 소리 내어 웃거나 눈에서 눈물이 뚝뚝 떨어지거나, 혹은 분노로 책장을 넘기는 손끝에 화가 묻어나거나, 납득할 수 없는 것에 고개를 갸우뚱거리는 아이들의 진지한 모습을 지켜보는 교사는 가슴에 기쁨의 물결이 넘실거리고 박수를 치고 싶어진다. 기록하는 것에 대한 거부감이나 사전을 찾는 부담감도 줄어들고, 무엇보다 읽는 재미를 느꼈다는 증거요, 자신과 주변 삶과 연관 짓는 적극적인 독자가 되었다는 징표가 아니고 무엇이겠는가.

중학교에 와서 처음으로 "세상에 존재하는 모든 분야의 책들을 두루 구경해라. 제목만 훑어보아도 좋고, 서문만 읽어도 좋고, 차례를 공책에 옮겨 적어 보아도 좋다"는 명희 샘의 말씀에 중학교는 원래 다 이런 줄 알았다. 맨날 만화책만 읽다가 600번(예술)에서 『풋살 이야기』라는 책을 든 순간부터 나는 '풋살'의 매력에 푹 빠지고 말았다. 이 책은 특히 넓은 운동장에서 걸어 다니며 읽으면 굉장히 신난다. 이런 재미로 읽기 실력이 점점 나아지는 것 같고, 또 읽어 가면서 메모하는 습관도 생기는 것 같다. 특히 나는 400번(순수 과학)과 500번(기술 과학)이 재미있는데, 이 분야는 나중에 또 한 번 골라서 읽고 싶은 마음이 든다. (중 1 이유빈)

다채로운
독서 활동

    교사의 의도와 계획에 따른 활동이 아니라면 일상적인 독서는 아무래도 문학이 주류를 이룬다. 그래서 착실하게 책 소개를 하고 이해를 잘 한 것만으로는 부족하다. 그것이 내게 어떤 의미로 다가오며, 내 삶에 어떻게 적용할 것인지를 '나'의 이야기로 확인 받지 않으면 안 된다. 다양한 독서 활동들을 미리 보여 주어, 과거 아이들을 공포로 몰아 넣던 독후감 형태에서 일찌감치 해방 시킴으로써 부담을 줄이고, 대신 재미와 호기심과 의욕을 가지고 힘껏 참여하도록 이끈다.

    어떤 단원과 주제이든 그 학습 내용을 얼마나 잘 이해했는지, 또 어떻게 받아들였는지 교사는 몹시 알고 싶다. 흔히 감상문을 평가하는 것으로 확인하지만, 좀 더 몸을 움직이는 활동도 많다. 예를 들면 노래방 형식이나 독서 신문 형식, 연극 형식, 광고 형식, 뉴스 형식,

인터뷰 형식, 뮤지컬 형식, 그림이나 만화 형식, 청문회 형식, 서평 쓰기, 시집 만들기, 시 낭송 테이프 만들기, 책갈피 만들기 등이 있다.

노래방 독서 활동

아이들이 가장 좋아하는 활동은 노래에다 노랫말을 바꾸는 노래방 형식이다. 노랫말의 문학성이나 노래의 음악성, 내용에 알맞은 율동과 함께 연극적인 요소도 곁들이니 가히 통합 교육이요, 종합 예술의 맛을 경험할 수 있는 좋은 사례이다. 이 방법은 학기나 학년이 끝날 때 복습을 겸하여 정리하는 데 활용하면 좋다.

학생들이 만든 노래방 독서 활동

〈독서 노래방〉 무시하니
(온실 밖 세상 모둠 | 원작: 완득이 | 원곡: 만만하니)

내가 그렇게 렇게 만만하니
우리 집 가난해서 만만하니
복싱 한다고 계속 무시하니
우리가 그렇게도 만만하니

따뜻한 사랑만을 원해 베트남 맘
차가운 모유만을 주고 떠난 맘
어느 날 베트남 맘 날 찾아왔어
꽃분홍색 낡은 단화 마음이 아파

나 완전 돌 것 같아 똥주 때문에
햇반 뺏어가는 네게 얼떨결에 난

수급품 다 뺏고 또또 가져가
약 올리고 약 올려 넌 정말 싸이코

아빠는 난쟁이 삼촌은 말더듬이
그들의 안쓰러운 그 미소가 떠올라
미칠 것 같아
난쟁이 말더듬이라 놀리지 마라
내가 그렇게 렇게 만만하니
우리 집 가난해서 만만하니
복싱한다고 계속 무시하니
우리가 그렇게도 만만하니

책을 읽고 노랫말을 바꿔 보는 노래방 독서 활동

〈국어 노래방〉 우리 것이 좋은 것이여
(천방지축 모둠 | 단원: 표준어와 방언 | 원곡: 학교 가는 길)

〈1절〉
한국어의 지역 차이 방언 사투리
친근감 느끼게 해 주지
민족성과 전통 풍습 이해하는 데
도움을 준다네 (니 밥 묵나?)
표준어는 특정 시대 특정 지역 특정
계층에서 사용하는 말
소통 원활 통합 용이 문화 생활
(너 밥 먹었니?)
공용어로 효율성을 지니고
국어 순화 기여하지만
방언만이 가지는 의의와 가치
적지가 않다네 헤이!

〈2절〉
표준어와 방언 소단원 읽으며
여러 가지 의견들 많았지
해민이는 사투리가 안 고소하대
서울말이 더 좋대
성은이는 사투리가 오래된 친구처럼
정겹고 구수하대
민지는 사투리가 외래어 같대
가영이는 표준어도 알아야겠대
다송이는 조금 지루했었대
우리 모두 참고 자료 사투리 종이
정말 재미있었어! 예!

〈문학 노래방〉 작은 세상
(산속의 소녀 모둠 | 단원: 1. 시의 표현 중 「바다와 나비」 | 원곡: 짠 짜라)

〈1절〉
반짝반짝 반짝이는 저 멀리의 바다를 보며
청무 밭인가 내려갔더니 한참을 고생했어요
난 아직 어린가 봐요 세상은 그런가 봐요
청무 밭인가 깊은 바다인가
아직도 헷갈려요
짠짠짠 아직 모르겠어요
나에게 알려 주세요
짠짠짠 이제 울지 않아요
나는 아직 날 수 있어요

〈2절〉
우리들이 쉽게 생각한 세상은 힘든 곳이죠
무턱 대고 살아가다간
나비처럼 지칠 거예요
난 아직 어린 소녀죠 세상을 알 수 없어요
편한 세상인지 힘든 세상인지
아직도 헷갈려요
짠짠짠 내게 알려 주세요
얼마나 힘든 곳인지
짠짠짠 이제 울지 않아요
우리는 할 수 있어요

〈문법 노래방〉 9품사야
(휘몰이 모듬 | 단원: 9품사 | 원곡: 외톨이야)

9품사야 9품사야 9품사야 9품사야
봐 봐 명사 봐 봐 이름 나타내는 말 거봐
이미 너는 다 알고 있어
예를 들자면 학교 나무 선생님
이 모든 것은 모두 명사라 하지
오, 체언 대명사야 대명사야
이름 대신 하는 말~
수사야 수사야 수량 나타내는 말~
체언이야 체언이야 명사 대명사 수사
형태가 변하지 않죠
나 너 우리 그 그들 대명사 종류
일 이 삼 사 오 육 칠 팔 수사야

사물의 움직임을 나타내는 말 동사라 하지
형용사와 아주 비슷해
가다, 오다, 먹다, 웃다, 쓰다
이건 동사야 동사

형용사는 또 따로 있어
높다, 낮다 이건 형용사 활용하는 용언이야

오 예예 관형사야 관형사야
체언 꾸며 주는 말~
부사야 부사야 용언 꾸며 주는 말~
수식언이야 수식언이야
관형사나 부사 다른 단어를 꾸며 주지
어떤 모든 여느 온 어느 모두 관형사지
매우, 굉장히, 꽤, 훨씬 모두 부사
탕탕, 멍멍, 빵빵, 의성어 모두 부사지
의태어도 부사야
조사야 조사야 관계 나타 내는 말~
조사야 조사야 체언 뒤에 붙는 말~
관계언이야 관계언이야 조사밖에 없지
주 서 목 관 보 호 부사격

책과 노래가 있는 뮤지컬 활동

노래방보다는 연극이, 연극보다는 뮤지컬이 더 어렵지 않을까 생각하는 것은 어쩌면 교사의 노파심이다. 일단 아이들에게 선택할 시간만 준다면 뜻밖의 기쁨을 두루 경험할 수 있다.

선택한 책이 무엇인가에 따라 그에 꼭 맞는 적절한 발표 방식이 있는데, 서사적인 줄거리가 있는 경우에는 연극 형식에 노래를 두세 곡 섞어 뮤지컬을 하면 시선도 끌고 화려한 전달 효과를 낼 수 있다.

뮤지컬 독서 활동

학부모와 함께 하는 독서 토론회

원작:『얘들아, 말해봐』

원곡: 만화『포켓몬스터』와『세일러문』주제가

3-1반 김성아 김진옥 배예린 임소현 장민교 모둠

① 명희몬의 등장 (원곡: 만화『포켓몬스터』주제가)

자 이제 시작이야~ (국어 시간~) 내 이름은 김명희~ (57세~)

걱정할 것 없어~ (없어~) 1년 동안 함께니까! (명희 최고!)

처음 시작은 어색할지도 몰라~ (몰라~)

책상 위 국어사전 널 키워 줄 거라고 믿고 있어~

[하품하던 진옥을 제외한 다같이] 하품하다 걸렸다간 큰일 나!

언제나 어디서나 (국어사전 갖고 다녀)

졸리거나 피곤해도 (오른손은 필기도구)

나만 잘 따라오면 (우린 최고야~)

언제 언제까지나~ (고등학교 가서도~) 언제 언제까지나~ (국어짱 위해~)

말해봐!!!

〈첫 번째 이야기〉

[태연한 척 원상태로 복귀] 어, 오늘 3학년 1반 국어시간에! 내 옛날 일화 하나를 얘기해 줄까?

(잠시 생각하다가) 일. 화. 사전~

(칠판에다가 '일화, 逸話, Episode' 적으며) 써!

(그제야 필기하는 아이들을 째려보며) 어, 내가 한 여고에서 근무했을 땐데, 야자 시간이었어.

(예린과 역할 교체)

(안경 쓴 진옥, 온화한 미소를 지으며 분필 정리) 명희 선생님께서 기뻐하시겠지?

(진옥 앉자 예린 급하게 등장, 분필 발견) 뭐야 이거, 고3이! 시간이 얼마나 많이 걸릴 텐데!

(나머지 아이들 진옥에게 시선 집중) 헉! 어머나!

[진옥 천천히 고개를 들고 상처 받은 얼굴, 곧 분노에 찬 얼굴로 쿵쿵 걸어 나와 선생님 손에 들린 분필을 뺏은 후, 돌아서는 순간 전체 정지]

[아이들 여전히 놀란 표정, 진옥 여전히 화난 표정, 예린 교실 활보하며 독창]

② 20년간의 후회 (원곡: 만화 『세일러문』 주제가)

미안해 표현하지 못한 내가~ 지금 내 속마음 이게 아냐~

살며시 너에게로 다가가~ 미안해 사과하고 싶어~

[민교] 마치기 전까진 말해야지~

[성아] 집에 가기 전까진 말해야지~

[소현] 졸업하기 전까진 꼭 해야지~

결국엔 사과 못 했네~

[과거 끝] 어때요?

(아이들 한마디씩) 은근히 소심하시네요. 그 학생 완전 열 받았겠다.

(진지하게) 내가 지금 여러분한테 이걸 말하는 이유는, 사과는 제때 하라고…. 사과는 시간이 흐를수록 하기 힘들어져요. 그러니깐 잘못한 게 있으면 바로바로 사과하세요. 안 적나~ 이것들이 지금 인생 선배가 중요한 거 가르쳐 주는데 뭐야, 이거….

〈두 번째 이야기〉

[교무실에 한 학생이 들어갈까 말까 고민하고 있음. 친구는 그 학생을 독려하다 짜증 난 나머지 교무실로 밀어 버림]

③ 더 나은 내일 (원곡: 뮤지컬 『금발이 너무해』 주제가)

선생님께 부탁 한 번 드려 볼까 과연 선생님은 내 부탁을 들어주실까

혹시나 내가 꾸중만 듣고 오는 것은 아닐까

친구와 있어도 정말 미칠 것 같아~

(용기내서 다가감) 저기, 선생님

(하던 일을 멈추고 힐끔 보고 무심하게) 왜?

(머뭇거리며) 저… 저기 제가 다른 반 애들이랑 밥을 먹어서 그러는데요. 4교시 좀 제 시간에 마쳐 주시면 안 될까요?

(안경을 벗고 학생을 3초간 바라보며) '마쳐 주시면 안 될까요?'라고 하지 말고, '일찍 마쳐 주시겠어요?'라고 다시 말해봐.

(당황하지만 이내 기쁜 얼굴로) 네? 네…. 4교시 좀 일찍 마쳐 주시겠어요?

(고개 끄덕이며) 그래? 알았어. 가 봐.

[교무실에서 나온 후 밝은 표정으로 다시 노래함]

와! 설마 들어주실 줄은 정말로 몰랐었는데, 진작에 말할 걸.

나의 자신감이 샘솟은 것 같아. 내가 정말로 해냈어. 역시 말 하는 게 좋아.

내가 더 나아졌어 예전보다

[민교] 소현아! 난 네가 나에게 부탁하는 게 무척 자랑스러워.

아직까지 애들이 나를 어려워하는 줄 알았는데.

[진옥] 그래 이렇게 말해봐야 실력도 느는 거야.

[민교] 애들이 너처럼 말을 하면 좋은데. 말해봐!

얘들아 모두 말해봐 무엇보다 말이 중요해

말을 하게 되면 너의 생각이 명확해 진단다

Oh! Oh! 무엇보다 중요한 건 바로 너의 자신감이야

더욱 나아질 거야 더욱 나아질 거야 더욱 나아질 거야 예전보다

[손잡고 인사 삼창]

부모님과 함께하는 독서 토론회

과목에 관계없이 다룰 수 있는 내용의 책을 선정하여 아이들과 함께 읽고 독서 토론회를 해 보는 것도 좋은 방법이다. 여기에 학부모가 참관하면 자연스럽게 학급 경영과 인성 지도를 겸할 수도 있다. 학부모는 아이들끼리의 토론을 보면서 내 아이의 생각과 감정, 꿈, 희망, 진로 등을 이해함으로써 교사와 함께 손잡고 아이를 지도할 수 있다.

학부모 참관 수업으로 『꽃들에게 희망을』이라는 책을 읽고 독서 토론회를 한 적이 있다. 교사와 아이들 모두 재미있게 읽었다고 확신한 책이라 아이들이 자기 생각을 분명하고 자신 있게 표현할 수 있을 것이라고 생각하였다. 부모들 역시 아이들에게서 공통적으로 나온 의문점과 이야기를 들으며 아이들을 이해할 수 있었다.

첫째, 줄무늬 애벌레는 돌기둥에 뭐가 있는지도 모르면서 왜 힘들게 올라가려고 하는가?

⋯▸ 호기심/남이 가니까 왕따 안 되려고/기대감 때문에/자기 자신을 시험하기 위해서

둘째, 왜 줄무늬 애벌레는 편안한 삶과 또 사랑하는 노랑 애벌레를 버리고 어려운 모험의 길을 떠나려 하는가?

⋯▸ [나 같으면 간다] 우리는 모르는 게 너무 많다. 새로운 것을 더 배우고 더 경험하는 것이 편안한 지금의 생활보다 더 가치 있다. 난 떠날 테다.

[나 같으면 안 간다] 편안하고 안락한 지금이 좋다. 모험에 성공하더라도 그 기쁨은 얼마 안 갈 텐데, 뭘.

셋째, 애벌레에게도 삶의 목표가 있듯이 우리에게도 삶의 목표가 있다.

⋯▸ 아빠 같은 요리사가 되는 것/어떤 분야에서 세계적으로 최고가 되는 것/세계 여행을 하는 것/아이들을 낳고 사랑하는 사람과 함께 사는 것⋯ 등

넷째, 사랑하면 같이 있고 싶은데, 노랑 애벌레나 줄무늬 애벌레는 왜 서로 사랑하면서도 이별을 택하나요?

⋯ [이별할 수 있다] 사랑에는 거리가 문제되지는 않는다. 문제는 그 사랑의 깊이와 크기이다. 우리 엄마 아빠는 사랑하는 데도 주말 부부이다. 또 유학을 가느라고 이별하는 사람도 있다. 더 큰 사랑을 위해서 준비하는 거라고 우리 아빠가 말했다.

[이별할 수 없다] 안 된다. 그건 무책임한 거다. 사랑을 지키고 보호해야 하는데, 떠나면 나쁘다.

아이들은 처음과는 달리 이야기에 취해 뒤에 있는 부모들의 존재는 잊어 버리고 열기 있게 자기들의 생각을 펼치곤 한다. 책만 잘 선정하면 보통 때보다 훨씬 더 적극적이고 활발하게 참여하여 자신들의 소신과 희망 사항을 이야기한다.

부모들은 자기 아이가 발표할 때에는 극도로 긴장한 채 응시한다. 그리곤 고개를 끄덕이거나 대견스러운 혹은 아쉬운 표정을 짓곤 한다. 이때 학부모가 아이에게 질문을 해도 좋겠다. 그러다 가끔 부모와 아이 사이에 논쟁이 벌어지기도 한다.

"재연아, 혼자 세계 여행이라니! 지금은 아직 어리니 공부를 더하고 지식도 더 쌓아야 되지 않겠니? 돈도 벌어야 하고. 우리는 네 여행 자금을 대줄 수 있을 만큼 돈도 없는걸."

독서 토론회가 다 끝나고 나면 아이들은 엄마들에게, 엄마들은 아이들에게 하고 싶은 말을 할 수 있는 시간을 만들어 준다. 특히 아이들의 입을 해방시켜 주자. 이쯤 되면 아이들은 신이 나서 너도나도 합법적으로(?) 그동안 쌓였던 불만을 터뜨린다. 비록 관철이 되지 않더라도 일단 말이라도 해 봤다는 성취감에 저희들 말대로 스트레스가 풀리기도 한다.

시간이 지난 뒤 아이들에게 물어 보면 "요즘 반찬이 달라졌어요." 혹은 "다음 달 책은 뭐냐고 엄마가 물어 보셨어요." 하고 결과를 말해 주기도 한다.

독서 토론회 참관과 간담회가 끝나고 엄마들은 교실을 나오면서 모두 생각에 잠긴 얼굴로 한 가지씩 감상을 말한다. 때로는 실망스럽고 때로는 거룩한 음성으로 말이다.

"우리 아는 너무 꼬시려해요. 지 생각을 시원하게 펼치지 못하고 너무 절제를 하니더."

"영한이가 엄마를 전혀 의식도 않고 이야기를 잘 하네요. 집에서 하고는 영판 다르네요."

"본국이가 말도 없고 공부도 잘 하지 못해서 걱정이었는데 오늘 보니 생각은 있네요."

"우리 애가 그런 생각을 하고 있는지 미처 몰랐습니다."

"농사일이 암만 바빠도 이 날에는 꼭 올랍니다. 얼마나 대견스러운지 몰래요."

생각을 나누는 시간, 원탁 토론회

아이들은 개인 발표회보다 원탁 토론회를 더 선호한다. 그리고 아이들도 토론회에 앞서 우선시하여야 하는 것이 무엇인지 아는 모양이다.

집중적으로 서로 의견을 교환하고 자기 생각을 말하기에 더 좋아요. 또 말하고 싶은 사람은 하고, 안 하고 싶은 사람은 안 할 수 있어서 그런 자유로운 분위기도 좋고요. 그렇지만 말하는 사람만 하니까 소극적인 사람은 거의 자신을 드러내지 않아요. 그러니 암만해도 전부 참여하는 독서 감상 발표회를 여러 차례 가져서 말하기의 체계를 배운 뒤라야 더 잘 될 것 같아요. (중 3 최지운)

다음은 찬반 토론을 할 수 있는 아주 짧은 동화 『원숭이와 꽃신』을 읽은 뒤 토론한 내용을 받아 적은 것이다.

「원숭이와 꽃신」을 읽고 (중학교 2학년)

주형 둘 다 무식하다. 오소리는 나쁘고 원숭이는 경계심이 없다.

상준 원숭이는 안 나빠. 오히려 착하고 순진하고 어리하지.

정임 선물 하나에 경계심을 풀다니 어리석지, 뭐.

다이 아냐. "이 놈이 아무래도 내 먹이를 빼앗으려고 온 것 같다."고 말하는 걸 보면 착하지는 않은 것 같은데?

형건 자기 것을 지키려고 하는 게 나쁘나? 주기 싫다는 게 아니라 빼앗기기 싫다는 뜻
이니까 나쁜 건 아니잖아.

주형 나누어 먹어야지. 먼저 오소리에게 주는 게 맞다. 자기는 먹을 게 많은데.

지원 그렇게 먹을 게 많은데 베풀 줄을 알아야지. 이기적이다, 원숭이는.

원석 안 나누어 준다고 뺏으면 되냐?

지원 먹고 싶어서.

형건 그니까 나쁘지. 원숭이가 어리석어. 오소리가 방문할 때 왜 의심을 안 했을까?

정임 아니, 그것도 그렇지만 왜 꽃신을 거절 못 하고 받았을까?

선영 순진하니까.

정임 이렇게 될 거라는 과정을 왜 생각 못 했을까? 꽃신이 보드랍고 편안해서 분명 만
성이 될 텐데.

형건 끝까지 선심을 쓸 줄 알고 그랬겠지. 오소리의 꾀에 쉽게 넘어간 원숭이가 어리
석어. 못 났어. 그 점에선 동정이 안 가.

준모, 정기 아부하면 안 속는 사람 없잖아. 순진한 거야.

미정 순진한 거 하고 무지한 거 하고는 차이가 있잖아. 생각을 좀 하면 모르나? 미래
를 못 생각 못 했어.

상준 뒷일을 생각 못 했다고 아까도 이야기 나왔잖아.

주형, 미정 그러니까 원숭이는 못 났지.

정임 "이 놈이 내 먹이를 뺏으러 온 모양이다."고 생각했으면서도 말려 들어갔어.

원석 처음엔 선물 받아. 신을 받았잖아. 먹이는 나중에 빼앗았어.

형건 미래 생각 없이 당장 편한 지금만 생각했어. 지금 우리들과 같아. 공부해야 하는

데 놀고 떠들고. 우리도 원숭이와 다를 바 없지.

전체 (야유를 보내며) 우~, 형건이! 야, 니가 언제부터, 어쭈구리!

원석 형건이 용돈 많이 써. 한 달에 8만 원. 이건 미래를 생각하는 행위야?

지혜 미래를 생각하기는 어렵다고 봐. 내일도 내다보기 어려운데 이 세상 사람들이

모두 현명하냐? 결과는 아무도 알 수 없어.

종환 야, 그런데 오소리가 대단하지 않냐? 어떻게 그런 꾀를 생각해 냈을까?

전체 뭐, 오소리가 대단하다꼬?

선생님 자, 여러 가지 이야기가 나왔는데, 특히 나누어 먹어야 한다는 생각들을 한 데 대

해서는 대단히 칭찬하고 싶다. 그런데 실제는 그렇게 잘 안 되지?

전체 예!

선생님 그럼 이제부터 마무리로 한마디씩만 하고 끝내도록 하자.

전체 유혹에 넘어가지 말자.

　　미래를 생각하며 살자!

　　자기 살던 대로 살아라!

　　남의 등처 먹고 살지 말자!

　　좋은 것이 있으면 같이 쓰자.

　　오소리의 지혜와 꾀를 본받자.

　　남이 잘 해 준다고 쉽게 넘어가지 말자!

　　공짜 너무 좋아하면 머리 벗겨진다.

　　속없이 남이 뭘 준다고 꾸역꾸역 받지 말자!

　　남의 것 빼앗지 말고 자기 힘으로 노력하여 정직하게 살자!

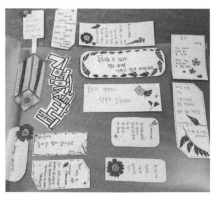

손으로 쓰고 만드는 다양한 독서 활동

때로 분절적인 교과 개념에서 벗어나 이 교육 활동이 과연 아이들의 삶과 세상에 어떤 의미를 가지는가에 대해 성찰한다. 교과목을 구분하는 것은 필요에 따라 이루어질 뿐, 삶이란 것은 원래 통째로 하나요, 통합적으로 이루어지는 것이 아니겠는가.

아이들의 관심사인 '사춘기와 성'을 주제로 관련 교과인 보건, 가정, 도덕과 국어의 관련 단원을 한데 묶어 통합 수업을 했다. 여기에 학부모까지 초청하여 교육의 극대화를 시도해 보았다.

한 달 동안 『엄마, 남자와 여자는 어떻게 달라요?』(김남선 지음)를 읽은 뒤 쪽지에 쓴 질문들을 주제별로 모았다. 그리고는 보건 교사가 중심이 되어 질의응답 시간을 갖고 토론을 펼쳤다.

관련 교사들과 사전에 함께 책을 읽고 무엇을 다룰 것인지를 심도 있게 토의했다. 특히 피임 기구와 생리대를 직접 보여주기 위해 학교장에게 허락을 구하기도 하였다. '학생-학부모-교사'가 함께 한 가지 주제를 두고 공개적으로 생각과 의견을 펼치며 이해를 돕는 이러한 활동은 누구보다도 학부모들의 호응이 뜨겁다.

4개 과목을 합친 2시간의 통합 수업은 학생은 물론이요, 학부모와 교사들에게도 아주 의미 있고 만족스러운 시간이었다. 긴장감과 장난기가 동시에 감도는 분위기 속에서, 처음에 아이들은 다분히 기초적이고 흥미 위주의 질문을 했다. 하지만 교사가 아이들 질문에 하나하나 성실하게 답해 주는 동안 아이들이 점점 진지하게 임하는 모습을 볼 수 있었다.

학생들은 늘 저희끼리 비밀스레 소곤거리던 피임 기구와 생리대를 직접 보았다는 사실이 못내 흥분되는 모양이었다. 콘돔을 비롯하여 말로만 듣던 체내형 생리대인 탐폰을 보고는 줄이 있어서 질 속에서 쉽게 뺄 수 있다는 사실을 알았다고 말했다. 개구쟁이 남학생은 탐폰을 들고는 "내가 코피가 잘 나는데 이걸로 코 틀어막으면 딱 좋겠다!"며 돌아다니는가 하면, 한 녀석은 콘돔을 만지작거리며 "왜 이렇게 미끄럽노!" 하며 풍선을 불며 장난치고 놀았지만, '백 번 듣는 것보다 한번 보는 게 낫다'는 말을 재확인한 셈이다.

함께 수업을 준비한 교사 4명 가운데 특히 보건 교사는 늘 뒷방 보건실에 밀려나 있는 것만 같았는데, 보건 교사로서 전문성을 가지고 정식으로 아이들 앞에서 수업할 수 있게 해 주어서 고맙다며 몹시 기뻐하였다. 그러나 도덕과 교사는 아이들이 너무 말초적인 호기심만 있고 정작 학습 주제인 '사춘기에 일어나는 마음의 변화'에 대해서는 질문도 없고, 또 수업에서 언급되지도 않아 아쉬움을 드러냈다. 가정과 교사 역시 "남학생들은 성적 호기심을 부끄럼 없이 마구 드러내는데 여학생들은 거의 말이 없다."며, 어릴 때부터 남자가 성적으로 더 적극적이라는 사실을 다시 확인했다며 수업의 강도를 조절해야겠다는 자기 평가를 하였다.

마지막으로 학부모들은 성에 대해서 저희들끼리 주고받은 그릇된 지식으로 이성을 만나고 세상을 살아가는 경우가 많은데 전문가가 공개적인 자리에서 말해 주니까 아이들이 진지하게 잘 듣는다고 만족스러운 반응을 보였다. 특히 피임 기구를 보여 주는 것에 처음에는 놀랐으나 나중에는 차라리 직접 보여 주는 것이 필요하다고 하였다. 한편 "부모 교육에서도 특히 남자아이 부모 교육이 필요하다. 당장 주변에서 성범죄가 일어나는 것만 보더라도 딸 가진 부모와 아들 가진 부모의 자세가 다르다. 아들을 둔 부모는 '남자가 그럴 수도 있지' 하며 느긋하게 구는 경향이 있는데, 이건 성차별이다. 사회적으로도 문제가 있지만, 학교에서 선생님들이 남자아이와 여자아이를 차별하여 대하는 것도 아이들에게는 상당히 영향을 끼친다."는 한 학부모의 지적은 참가한 교사들에게 의미 있는 일침으로 다가왔다.

손으로 쓰고, 그리고, 만들고

● 아름다운 손바닥 시집 만들기

자신이 좋아하는 시를 한데 모아 손에 쏙 들어가는 크기로 직접 시집을 만들어 보는 활동이다. 이 활동은 시를 내 삶으로 가져와 사람과 자연, 사회에 대한 이해와 사랑을 키우려는 것이다. 내용과 분위기에 알맞은 그림을 그리고, 시에 따라 감상을 덧붙여도 괜찮다. 이 시집을 언제 어느 때나 들고 다니며 읽으면 내 삶을 따사롭게 해 줄 것이다. 사랑하는 이에게 선물하기에도 좋다.

10점짜리 수행 평가일 뿐인데도 아이들은 시간이 지날수록 점수를 초월하여 시중에 갖다 팔아도 될 만큼 아름다운 한 권의 시집을 만들어 냈다. 그 예술적 창의성에 놀랍고 흐뭇한 경험을 맛보았다.

- 인상적인 장면이나 만화 그리기

소설이나 시 수업에 가장 간단하고, 아이들 역시 가장 즐겁게, 부담 없이 해 내는 활동이다. 작품 속에서 가장 인상적인 장면을 그린 다음 제 마음대로 말풍선 넣거나 작품 전체를 만화로 그리고 대사를 넣어 보는 것이다. 이 활동을 하자면 어쩔 수 없이 작품을 다시 한 번 꼼꼼히 읽어 보고 등장인물의 심리까지 상상하고 파악해야 한다. 특히 내성적이고 수줍음이 많은 아이들에게 문학 작품 감상의 효과가 크게 나타나는 활동이다.

- 서평 엽서 보내기

'책 권하는 우리 학교'라는 거창한 이름 아래 전교생이 주변 사람들에게 책 권하는 엽서를 써서 실제로 우체통에 부치는 활동이다. 답장이나 상대방이 그 책을 '읽었다'는 증거를 가져오는 사람에게 상을 준다고 할 때 활동은 더욱 흥미진진해지고 도서관을 찾는 아이들이 많아지기도 한다. 학생으로부터 『바보 빅터』를 권장 받은 선생님은 그 책을 정독했을 뿐만 아니라 다른 아이들에게도 권하여 『바보 빅터』는 도서관에 꽂혀 있을 시간이 없을 정도로 인기가 있는 책이 되었다.

- 문학 작품 속 좋은 구절을 담은 책갈피 만들기

평소에 책을 읽으면서 새롭게 알게 된 내용이나 좋은 표현, 마음에 드는 구절을 곱게 써 넣어 책갈피를 만드는 활동이다. 아이들은 읽고 있는 책 사이에 자기가 만든 책갈피를 끼워서 바로 사용할 수 있기 때문에 두세 개 만들어서 선물하기에도 좋다고 한다.

책갈피를 만들기 위해서라도, 또 좋은 문장을 고르기 위해서라도 책을 읽게 되니 독서 경험이 적은 아이들도 부담 없이 참여할 수 있다. 국어과 예산으로 예쁜 꽃누르미(압화)를 사 놓거나 평소에 꽃잎이나 단풍잎을 말려 두었다가 활동할 때 사용하면 더욱 아름다운 책갈피를 만들 수 있다.

그 외에도 시 낭송 테이프 만들기, 독서 신문 만들기, 마인드맵·인물 맵 그리기, 시 달력 만들기, 독서 퀴즈 등 책 읽는 즐거움과 재미를 키워 주는 여러 활동들이 있다.

그러나 이러한 활동은 어디까지나 책 읽기에 흥미를 일으키고 책 읽는 분위기를 확대하고자 하는 것임을 잊어서는 안 된다. 자칫 자투리 시간을 활용하는 오락 거리나 일회성 행사 혹은 수행 평가만으로 끝나는 경우, 아이들의 생각하고 발견하고 창조할 수 있는 힘을 끌어내는 데는 도리어 장애가 될 수 있다.

아이들은 각자 다른 환경 속에서 자라고 경험과 가치관이 다르기 때문에 같은 책을 읽어도 이해하고 수용하는 것이 다를 수밖에 없다. 따라서 좀 더 깊이 생각하고 의문을 가지며 다른 관점으로 보는 능력도 키우면서 주체적인 인격체로 나아가기 위한 노력을 하지 않으면 안 된다. 그런 점에서 한 학기에 최소한 한 번쯤은 깊이 있는 독서 논술문을 쓰고 독서 토론회를 할 필요가 있다.

아이들이 직접 만든 시화 달력

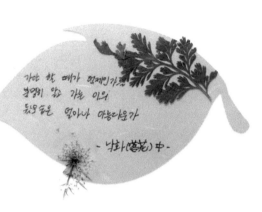

가만 한 매가 언제인가쯤
분영히 않 가는 이의
뒷울윤은 얼마나 아릅다은가

- 낙화(落花) 中 -

5장

자존감을 드높이는
언어 활동

─ 문법 수업

국어사전 사용과
한글 옷 입기 운동

문법 혹은 어법이란 흩어진 낱말들이 모여 온전하게 뜻을 이루도록 배치하는 말의 법칙이다. 우리는 흔히 문법은 잘 몰라도 일상적으로 말을 하고 글을 쓰는 데 그다지 불편함을 느끼지는 않는다. 그렇다고 문법을 몰라도 된다는 것은 아니다. 문법은 말의 관계와 의미의 차이를 분명하게 정리하여 정확하게 전달하고, 오해와 곡해 없이 명확하게 이해하는 언어 생활을 위하여 필요한 영역이다. 이를테면 조사나 어미 하나로 관계가 친밀해질 수도 있고, 파탄이 날 수도 있다. 또 주어나 서술어 하나에 따라 낭패를 보는 일은 또 얼마나 많은가.

　낱말을 모아 문장을 만들어 가는 과정에서 우리는 그 의미의 차이와 쓰임새들을 정확히 이해하고 사용하는 능력을 길러서 자존심과 과학적 사고력을 드높일 수 있다.

단어 속에 세계가 있다

아이들과 함께 헬렌 켈러와 셜리번 선생님의 이야기를 다룬 흑백 영화 『미라클 워커(The Miracle Worker)』를 본 적이 있다. '단어 속에 세계가 있다'는 셜리번 선생님의 단어 교육은 듣지도, 보지도, 말하지도 못하는 헬렌 켈러에게 마냥 어렵기만 한 일이었다. 하지만 끝내 단어로써 세상에 눈 뜨게 한 감동적인 이 영화는 국어 교사들에게 더없이 훌륭한 교재이다.

아이들이 흔히 '작다'와 '적다'를 구분하지 못해서 '아줌마, 밥 좀 작게 주세요', '나는 키가 적어서 고민이야'라고 말하곤 한다. 이럴 때 아이들은 곧바로 뜻을 말해 주는 것보다는 반의어를 앎으로써 그 뜻을 명확하게 인식하는 경우가 있다. '작다'는 '크지 않다'는 뜻이고, '적다'는 '많지 않다'는 뜻이므로 '아줌마, 밥 좀 적게 주세요', '나는 키가 작아서 고민이야'라고 해야 옳다고 말해 주는 것이다.

'틀리다'와 '다르다'도 마찬가지다. '틀리다'는 '맞지 아니하다', '다르다'는 '같지 아니하다'라는 뜻이므로 '네 생각은 나와 다르다', '네가 말한 답은 틀렸다'가 올바른 말이라고 설명하는 것이다.

국어사전으로 나눌 수 있는 이야기들

어느 날 긴 치마와 고운 블라우스에, 단정한 실내화로 치장하고 갔더니 아이들이 크게 환호하였다. 굵고 짧게 촌평 한마디씩 해 달라고 했다. 어느새 사전에 손이 가더니 곧 한 아이가 혼잣말

국어사전으로 낱말 공부하기

처럼 중얼거린다. "성격도 옷 같았으면…." 촌평의 뜻을 알고 한 말이니 이거, 성을 낼 수도 없고. 아무래도 웃어야 할 것 같다.

그러자 누군가 느닷없이 "샘, 필연이 뭐예요?"라고 물었다. 일단 "우연이 아닌 것"이라 말하고는 사전을 찾아 필연과 우연, 두 단어의 정확한 뜻을 찾아보라고 하였다. 사전을 찾는 이 시끄러운 정적이 나는 참 좋다.

"여러분은 명희 선생님과의 만남은 무엇이라고 생각해요?"

이 질문에 대부분의 아이들이 "우연이요." 하는 사이에 수진이 가 대뜸 "필연이요!" 하고 소리쳤다. 어쩌면…! 순간 가슴에 따스

한 물결이 차올랐다. 가끔은 이렇게 사랑을 확인해야 교사도 살아갈 수가 있다.

낱말 하나로 삶을 성찰하다

한창 사회적으로 '웰빙(well-being)'이 우리 삶의 뜨거운 주제였을 때, 한 시간 내내 이 용어에 대하여 공부하였다. 웰빙의 사전적 의미는 '복지, 안녕, 행복'이고, 반대 개념으로는 '나쁜 상태, 불행, 부조화 상태 등'을 총칭하는 일빙(ill-being)이란 용어도 있다.

사전을 찾고도 성에 안 차 칠판에 두 칸을 만들어 놓고는 각자 자신의 삶은 어디에 속하는지 이유와 함께 적어 보라 하였다. 아이들은 처음에는 지극히 상식적이고 상투적으로 자기 삶을 구분 짓더니, 점차 물질적인 것과 정신적인 것으로 이야기가 흘러갔다. 마지막에는 '나는 웰빙인 줄 알았는데 알고 보니 일빙이다', '나는 일빙인 줄 알았는데 알고 보니 웰빙이다'로 바뀌는 아이들이 있는 걸 보며 낱말 하나로 자신의 삶에 대하여 진지하게 생각하는 시간을 보냈음을 깨달았다.

그 시간은 교과서를 펴지도 않았으나, 교실 문을 나서는 아이들의 얼굴은 모두 진지하고 결의에 차 보였다. 이런 자아 발견이 곧 자아 존중감으로 이어지기를 간절히 바란다.

한글 옷 입기 운동을 하다

외국어가 국어로 굳어진 낱말도 그 어원과 개념을 알고 나면

한글 옷을 입은 아이들과 함께

읽기가 즐거워진다. 하물며 우리말인데도 뜻을 모르면서 대강 꿰맞추어 짐작하고 넘어가 버리는 습관은 분명 반성해야 할 일이다. 세계화 시대로 나아가고 있는 만큼, 그럴수록 더욱 더 모국어를 다듬고 품격을 지켜 나가야 한다. 말은 곧 정신이요, 정신은 곧 그 사람의 전부가 아닌가.

군이 문법 시간이 아니더라도 언어의 필요성과 모국어의 중요성을 이야기하다 보면 절로 아이들이 입고 다니는 옷에 대한 이야기가 안 나올 수가 없다. 한때 영어로 도배하다시피 한 옷을 입고 온 아이들에게 왜 한글이 쓰인 옷을 입지 않느냐고 묻자,

"쪽팔려서요. 애들이 다 영어가 적힌 옷을 입었는데 저만 한글 옷을 입으면 창피하잖아요."

아니, 쪽팔린다니! 이때 얼마나 놀라고 실망했는지.

심각하게 고민한 끝에 지역 국어 교사 모임에서 한글로 쓴 옷을 만들기로 하였다. 주로 교과서에 나오는 시를 새긴 옷을 대량으로 주문하여 관내 모든 학교에서 백일장 수상자들에게 상품으로 시상하였다.

시 말고도 「세종 어제 훈민정음」을 새긴 옷도 국어 교사들이 먼저 입고 다니면서 한글 옷 보급 운동을 한 게 시초가 되어 학교를 옮긴 뒤에도 시 수업을 할 때는 그 시를 새긴 옷을 번갈아 입었다. 뿐만 아니라 한글날은 물론 체육 대회, 등반 대회, 현장 체험, 스승의 날 같은 행사 때도 단체복으로 입으려고 노력하였다. 또 활동마다 각기 다른 시가 쓰인 옷을 상으로 주어 한 사람

이 서너 벌의 한글 옷을 받는 경우도 있었다. 모두 한글을 확산하고 자부심을 기르는 활동이다.

어느 날, 조카가 친구들을 데리고 학교를 방문하여 수업 참관까지 하고 갔다. 그런데 한 아이가 옆으로 살그머니 다가와서 이렇게 속삭이지 않는가.

"선생님, 언니들이 전부 한글 옷을 입었어요. 감동이에요."

아, 이 녀석에게 한글 옷이 눈에 들어온 것만도 기특한데 감동을 받았다니. 나야말로 감동이다.

영어를 숭상하는 세태에 항거하는 것과 더불어 한글을 보급하는 차원에서 '그저 입고 다니기만 해 달라'고 주변 어른들에게도 무수히 선물하기도 하였다. 하지만 아쉽게도 한글이 새겨진 옷을 입고 다니는 이는 여전히 보기 드물다. 적어도 이제는 '쪽팔린다'는 말은 듣지 않게 되었지만, 아직도 한글 옷 입기 운동은 계속해야 할 일이다.

품사, 문장 성분의 성격과
닮은 사람 찾기

조사와 어미에 따라 기분이 달라진다

1학년 국어 공책에서 '나는 품사들을 다시 배웠으면 한다. 못해서가 아니라 문법은 살면서 유용한 것이기 때문이다'라는 글을 읽었을 때의 기쁨을 잊지 않고 있다.

"이 줄, 지혜부터 일어나라. 그러면 몇 명이지?"

"세 명이요."

"그럼 지혜까지 일어나라. 그러면 몇 명이지?

"두 명이요."

"그럼 지혜만 일어나라. 그러면 몇 명이지?"

"한 명이요."

"그럼 지혜도 일어나라. 그러면 몇 명이지?"

"한 명이요."

"똑같이 한 명인데 '지혜만', '지혜도', '지혜마저', '지혜조차' 할 때는 무엇이 다르지?"

"… 기분이 달라요."

"어떻게?"

"'지혜만' 할 때는 지혜를 특별히 선택한 것이고, '지혜도' 하면 그다지 중요하지 않은 듯이 여겨져요. 그리고 '지혜마저'나 '지혜조차' 하면 믿었던 지혜한테 실망한 것처럼 여겨져요."

"그렇지. 조사는 뜻도 다르게 하지만, 기분도 이처럼 다르게 만들지. 혼자 있을 때는 존재감이 없어 보이지만 다른 이, 즉 체언과 만날 때는 뒷말과의 관계와 느낌을 결정하는 역할을 하니까 정말 중요하다."

어느 오후, 교무실에서 동료가 내게 다가와 큰 소리로 흥분하며 말했던 내용도 생각할수록 흐뭇하다.

"샘요, 우리 반 혜진이가 국어 시간에 배웠다면서 자기가 잘못한 거 사과하고 갔어요. 어제까지만 해도 반성을 안 했는데 오늘 와서 깍듯하게 잘못했다고 사과하고 갔지 뭡니까? 국어 시간에 뭘 가르쳤습니까?"

아, 뭘 가르쳤느냐 하면 '문장의 짜임새' 단원에서 '서술어'의 중요성, 특히 어미 처리를 어떻게 하느냐에 따라 상대방의 기분이 달라진다고 하였다. 예로 든 것이 평서형 종결 어미 '~데요'인데, 아이들이 무심코 하는 말 중 '그런데요', '아닌데요', '왜 그러시는데요?' 같은 말은 매우 불손하고 무례하게 보여 어른들을 언

짧게 하는 대표적인 예라고 하였다. 아마 혜진이가 담임 선생님에게 말끝마다 '~데요'를 쓴 모양이다. 게다가 이 아이는 눈을 아래에서 위로 치켜뜨는 습관도 있어서 더욱더 선생님의 화를 돋우었을 것이다.

나랑 닮은 문장 성분 찾기

품사나 문장 성분은 한 번만 제대로 알아 두면 일생이 편하다는 사실을 일찍이 가르칠 필요가 있다. 그런데도 아이들이 문법에 질색하는 것을 보면 교사들부터 문법을 딱딱한 지식으로만 배운 탓도 있겠으나, 대체로 문법 용어에 지레 기가 죽기 때문이 아닌가 생각한다.

단어라는 개념부터 품사, 문장 성분, 음운, 음절, 어절, 어간, 어미, 어근, 접사… 등에 이르기까지 모든 용어가 어지럽고 골치 아프다. '의미'에 따른 9개 품사를 겨우 알고 나면 그 다음 '기능'에 따라 품사를 분류한 '체언, 용언, 수식언, 관계언, 독립언' 등에 대해서는 더욱 오리무중으로 들어가고 만다. 그리고 문장 속 문장 성분의 역할도 헷갈린다고 한다.

그런데 이들의 특성을 사람의 성격과 연결해 보면 문법은 어려운 것이 아니라 친근한 것으로 바뀔 수 있다. 모처럼 아이들이 문법을 흥미진진하게 자기 자신과 관련지으면서 다음과 같이 자기 이해의 시간을 즐거워 하였다.

'나'의 성격과 가장 닮은 품사나 문장 성분은?

김원용 저는 '되다', '아니다' 같은 서술어입니다. 나는 혼자 있으면 2%가 부족해서 챙겨 주는 사람이 있어야 해요. 그래서 보어가 필요한 서술어예요.

김혜영 저는 고정되거나 갇혀 있지 않고, 상황이나 환경에 따라 성격이나 말투, 행동이 변화무쌍하고 자유롭기 때문에 용언에 가까운 것 같아요.

명희샘 나는 끝을 중요시한다. 시작만 있고 끝맺음이 흐지부지한 사람을 가장 싫어하기 때문에 서술어에 가깝다.

김준엽 저는 어딘가에 얽매이는 것을 싫어합니다. 그래서 주제나 제목이 정해진 글쓰기나 말하기를 잘 못하고 또 싫어한다는 점에서 독립어에 속합니다.

이어서 내가 가장 닮고 싶은 품사나 문장 성분은?

김아령 저는 관계언(조사)이요. 내가 그 자리에 없으면 허전하고 뭔가 일이 잘 안 되는데, 내가 있으면 비로소 모든 관계가 잘 풀려 가는 그런 유용한 사람이 되면 좋겠어요.

김성현 저는 체언을 닮고 싶습니다. 형태가 변하지 않고 문장에서 뼈대 역할을 하는 체언처럼 나도, 내 인생도 그러했으면 좋겠습니다.

김혜진 저는 수식언 같은 사람이 되고 싶어요. 내가 사람들을 꾸며 주면 그 사람들이 빛나잖아요. 그래서 나한테 고마워 할 거니까 보람도 있고 멋질 것 같아요.

주변 사람이나 문학 작품에 나오는 인물의 성격을 닮은 품사나 문장 성분은?

황성환 집에서 '아버지'는 주로 일을 추진하는 주어, '어머니'는 그 일을 마무리하는 서술어 역할을 하는 것 같아요. 물론 가정에 따라서 반대의 경우도 있지만요.

강서윤 『마당을 나온 암탉』 중 '나그네'는 초록 머리와 잎싹을 족제비에게서 남몰래 지켜 주려고 최선을 다하기 때문에 조사에 가까워요.

김성헌 만화 『노블레스』에 나오는 '카디스 에트라마 디 라이제르'는 어떤 경우에도 착한 마음이 바뀌지 않아요. 이 사람은 시작도 잘하고 끝맺음도 잘하지만, 서술어보다는 주체로 우뚝 서는 주어에 더 가깝다고 생각합니다.

김혜진 『수난이대』에서 '만도'는 자신도 팔이 하나 없지만, 다리가 없어 부정적이고 체념에 젖어 있는 아들 진수에게 희망과 용기를 주어 앞으로 잘 살아 나가게 하는 빛나는 존재이므로 수식언에 속합니다.

우리만의
'프린들' 만들기

앤드루 클레먼츠가 쓴『프린들 주세요』라는 책이 있다. '펜' 대신에 '프린들'이라는 단어를 만들어 주변에 퍼뜨리는 닉에게 언어는 사회적 약속임을 세상 속에서 경험하게 함으로써 마침내 '프린들'이 국어사전에 등재되게 돕는 매우 훌륭한 국어 선생님의 이야기이다. 국어 시간에 함께 읽은 이 책에서 아이들은 닉에게서, 국어 교사인 나는 그레인저 선생님에게서 더할 수 없는 재미와 가슴 뭉클한 감동을 받았다.

언어의 사회성을 경험하라

단어를 형성하는 방법에는 어근 하나로 이루어진 단일어, 어근과 어근이 합쳐서 이루어진 합성어, 어근에 접사가 붙어서 이루어진 파생어가 있다는 설명만으로는 뭔가 좀 부족하고 덜 채워진 느낌이 든다. 우리네 삶과 떨어져 있기 때문이다. 이럴 때는 개인 활동이나 모둠 활동으로 새로운 단어를 직접 만들어 봄으로써 스스로 깨달을 수 있게 도와준다.

요즈음 성행하는 유행어나 신조어들은 때로 무분별하고 국적 불명, 정체 불명하여 해독을 할 수 없는 경우도 많지만, 적어도 아이들이 만든 이 단어들은 좀 더 사회성을 띄고 번져 나가면 좋 겠다. 내가 그레인저 선생님이 되지 못하고, 우리 학생들이 아직 닉이 되지 못한 까닭인가. 아니면 시간이 더 흐르기를 바라거나 인내심을 더 키워야 할까.

아이들이 직접 만드는 우리만의 낱말들

아이들이 만든 낱말 중 특별히 상을 받은 낱말들이 있다. '향긋하다'의 '향' 자리에 '흥'을 써서 '흥긋하다', '은은하다'와 '엷다'를 합쳐서 '은엷다', 어근 '귀미'에 접미사 '스럽다'를 붙여서 '귀미스럽다', '아기가 코 고는 소리'를 표현한 의성어 '다르랑다르랑'이다. 이후 이 낱말들은 우리끼리 평소에 즐겨 쓰는 귀엽고 신선한 낱말이 되었다. 다음에 나오는 단어들도 아이들이 직접 만든 다양한 낱말들이다.

• 단일어

뿌뻐 몸이 굵고 크며 무디지만, 마음씨가 착한 사람

보슬하다 가냘프고 청초하다

흉긋하다 흉측한 냄새를 가리킬 때

자자빽빽하다 조그맣고 빽빽하게 쓰여 있는 글씨

고돌고돌하다 성격이 원만하지 않고 까다롭다

우부락하다 우락부락하다

● 합성어

떨두렵다 떨리고 두렵다

분빌랑하다 분주한 것 같으면서도 발랄하고 명랑하다

은엷다 은은하고 엷다

되부끄럽다 상대방을 부끄럽게 하려다가 도리어 자기가 부끄러워지다

울웃음짓다 울면서 웃음 짓는다

● 파생어

까뱅이 까부는 사람

골보 코를 잘 고는 사람

코씨빙하다 별로 좋지 않아 코웃음 치며 시큰둥하다

귀미스럽다 귀신 같은 느낌을 주면서 예쁘다

스멀스럽다 벌레가 기어가듯 징그럽고 싫다

명희스럽다 명희 선생님과 성격이나 습관, 모습이 비슷하다

● 상징어

포각포각 비눗방울이 꺼지는 소리 혹은 모습

소시삭소시삭 꽃잎이 떨어지는 모습

다르랑다르랑 아기가 귀엽게 코 고는 소리

오양오양 자그마한 꽃들이 군데군데 피어 있는 모습

뽀로롱뽀로롱 병이 물속으로 소리 내며 가라앉는 모습

이 중 '명희스럽다'는 어떤 뜻을 지닌 파생어인지 물어 보았다. 그러자 여기저기서 '재촉한다, 사람들에게 부담을 준다, 웃음보따리, 바지런하다, 국어 존중, 생명 일깨우미, 찍어야 사는 여자(잘 시킨다는 뜻), 처음에는 무섭다, 반응이 없어도 굴하지 않고 댓글을 남긴다…'는 뜻이 다 담겨 있다며 신나게 떠들어 댔다.

아름다운
가치 사전 만들기

3학년들이 이육사 문학관을 다녀온 뒤 쓴 보고서를 읽다가 기절초풍한 적이 있다.

> 나는 이육사가 무슨 절인 줄 알았다. 선생님이 숙제로 이곳을 왜 가라고 하는지 이해하지 못했다….

혼자 배를 잡고 웃다가 아까워서 교무실에서 큰 소리로 얘기했더니 여기저기서 한마디씩 한다. 역사 선생님은 엘리자베스 3세를 이야기했더니, "엘리자베스가 세 살이에요?" 하고 묻지를 않나, 2학년 담임 선생님이 "우리가 살고 있는 안동이 전국에서 살기 좋은 10대 도시에 든대. 좋지?" 하니, "칫, 안동이 뭐가 10대들이 살기 좋은 도시예요?"라고 하지를 않나, 하여간 가관이었다.

우리 아이들이 얼마나 단어에 대한 이해력이 없는가에 대하여 이의를 제기하는 국어 교사는 아마 없을 것이다. 그러나 낱말의 개념을 몰라 낭패를 당한 이가 어찌 아이들뿐이리오. 나 역시 주변에서 일상적으로 쓰는 낱말부터 시사 용어에 이르기까지 그 뜻을 몰라 남몰래 사전을 찾아보는 경우가 얼마나 많은지 모른다.

그렇다고 해도 아이들의 경우는 그 정도가 심각할 지경에 이르렀다. 낱말에 대한 아이들의 무지와 무관심을 교사로서 거의 직무유기에 해당할 만큼 속수무책으로 내버려 두고 한탄만 하고 있는 것이 현실이다.

'가치'로 시작하는 낱말 수업

단어의 개념을 아는 것이 중요하다는 것을 가르치기 위해 한사코 교과서에만 얽매일 필요는 없다. 정상 진도를 뛰어넘어 언제 어느 때나 필요하다는 판단만 서면 자연스럽게 두어 시간을 할애하는 것도 괜찮다.

'가치'란 어떤 사물이 지니고 있는 의의나 중요성을 뜻한다. 혹은 옳고 그름, 선과 악, 바람직한가 아닌가에 대한 문제에서 보통 사람들이 가지고 있는 평가 기준이나 신념, 혹은 행동을 지배하는 감정의 체계를 말한다. 우리의 일상생활에서 필요와 욕구를 충족시킬 수 있는 것은 모두 가치이다. 그런 의미에서 상품은 모두 가치인데, 여기서는 경제적 가치가 아닌 인간의 정신적 활동에 만족을 주는 가치만 집중적으로 다루어 보고자 한다.

사람들은 살아가면서 무수히 많은 '가치'들과 만나게 되고 또 그것을 내보여야 할 때가 있다. 누군가에게 진심으로 감사하고, 어떤 때는 겸손한 마음을 가져야 하고, 또 어떤 때는 용기를 내야 할 수도 있다. 하지만 진정한 겸손이 무엇인지, 용기를 내야 할 때는 언제고, 어떻게 하는 것이 용기인지, 또 사람을 사랑하고 배려하는 것이 어떤 것이며, 긍지란 무엇인지 그 가치에 대해 사전에 나와 있는 뜻도 모르는데 하물며 일상에서 어떻게 적용하며 살아갈 수가 있겠는가?

생활에서 찾아보는 가치의 개념

"이 세상에 널리 널리 퍼져서 사람들이 사는 이 사회를 아름답게 하는 가치에는 무엇이 있을까?" 하고 질문을 던지고는 나부터 '행복'과 '평화'를 큼직하게 쓴다. 그러자 "에이, 그거 내가 하려 했는데." 하길래 그럼 생각나는 대로 마구 말해 보라고 했다.

중복되는 것은 빼고 아이들이 부르는 것을 일일이 칠판에 받아 적어 나가다가 분위기가 고조되자 "에라, 어디 너희들이 직접 나와서 써 봐라." 하니 칠판에는 어느덧 60개가 넘는 아름다운 낱말들로 빼곡하게 채워졌다.

행복, 평화, 봉사, 사랑, 배려, 이해, 용기, 친절, 감사, 양보, 이상, 꿈, 희망, 소망, 믿음, 신념, 노력, 인내, 끈기, 성실, 존중, 겸손, 타협, 열정, 자유, 평등, 공평, 책임, 양심, 자신감, 유머, 재치, 관용, 신중, 우정, 예의, 정직, 검소, 근면, 도덕, 질서, 인정(人情), 인정(認定), 칭찬, 격려, 위로, 보람, 선(善), 효도, 지혜, 연대, 협동, 자비, 조화, 존경, 진실, 긍지, 만족, 정의, 의리, 약속, 규칙, 원칙, 균형, 안정….

아, 써 놓고 보니 보기만 해도 기분이 좋고 행복해지는 말이다. 그런데 사전에서 이 단어들을 찾아보면 대체로 그 뜻이 비슷비슷할뿐더러 추상적이고 막연하기 짝이 없다. 딱히 그 뜻이 손에 잡히지가 않는 것이다.

책임은 '자기가 맡은 일이나 임무를 말함', 행복은 '기쁨과 만족에 겨워 즐겁고 흐뭇함'이라 나와 있는데 도대체 어떤 경우가 여기에 해당되는지 떠올리는 것이 쉽지 않다. 코흘리개 시절부터 대충 막연하게 추측하던 습관 때문에 어른이 되어서도 내 삶에서 구체적으로 만들어 내지 못하기 십상이다.

지금부터 자기가 할 수 있는 만큼 열거한 가치들의 개념을 실제 생활 속에서 구체적으로 여러 가지 사례를 들어 설명해 보자. 그런 다음 모둠별로 가장 잘 설명한 예를 선택하여 나가서 발표하면 친구들이 그 설명을 듣고 그것이 어떤 가치인지 알아맞히는 놀이를 해 보자. 다음은 각 모둠에서 잘 된 것을 뽑은 것이다.

평화 명희 선생님께서 웃으며 수업하시는 것

인내 남자 친구와 손만 잡고 자는 것

노력 하리수를 여자로 보는 것

평등 진돗개와 똥개에게 밥을 똑같이 주는 것

공평 심사 위원이 자기 학교 학생이라고 점수를 더 주지 않는 것

봉사 대가를 바라지 않을 때 더욱 빛이 나는 것

관용 마침 종이 쳐도 결코 나가시지 않는 명희 선생님을 바라보는 것

끈기 초딩의 말을 끝까지 들어 주는 것

책임 성관계를 맺어 임신이 되었을 때 남녀가 함께 맡아야 하는 의무

용기 동방신기 팬 앞에서 슈퍼주니어를 외치는 것

행복 한 치수 작은 옷을 샀는데 몸에 딱 맞을 때

조화 내 얼굴의 눈과 코와 입

자비 우리를 웃기려는 사회 선생님의 썰렁한 유머에 웃어 주는 것

도덕 영화 시작하기 전에 휴대폰을 꺼 두는 것

우정 내가 모든 것을 잃었을 때 남아 있는 단 하나

재치 수업 시간에 난감한 질문을 잘 피하는 것

유머 혜림이가 겨울이 되면 자기 얼굴이 더 하얗다고 말하는 것

열정 12시간 동안 쉬지 않고 전화하는 것, 명희 선생님의 손놀림

희망 마침 종이 치자마자 국어 수업이 끝나는 것

소망 장동건 같은 교생이 오는 것

자신감 살 빠진 모습으로 남친을 정면으로 바라보는 것

만족 한 시간에 5,000원인 노래방에서 세 시간이나 놀았을 때

자유 성전환 수술을 하는 것

배려 휴대폰 문자가 느린 엄마를 생각해서 일부러 답을 늦게 쓰는 것

신중 사랑 고백을 받았을 때 그 사람을 진정 사랑하는지 오래 생각

하고 결정하는 것

　믿음　설날에 받은 세뱃돈을 엄마에게 맡기는 것

　사랑　미니홈피에 투데이 절반을 내가 다 올려 주는 것

　　교실은 즐겁고도 학구적인 아수라장이 되었고, 처음부터 끝까지 졸거나 딴짓을 하는 아이가 단 한 사람도 없었다. 교사는 점점 속도가 붙고 열기가 더해가는 모습을 팔짱 끼고 구경만 하고 있어도 될 정도였다. 이쯤 되면 이제 긍정적이고도 아름다운 가치에 대한 개념 정리가 되었다고 확신하며 자연스레 자신을 지배하는 가치관에 대하여 알아보는 단계로 넘어가도 좋겠다.

내가 첫 번째로 꼽는 최고의 가치

　　"자, 그럼 여러분이 지금까지 살아오면서 참으로 '중요하다, 좋다, 훌륭하다'고 생각하며 마음에 담아 두고 있던 거나, 무언가를 선택하거나 결정할 때 가장 먼저 보게 되는 기준이 대체로 무엇이던가요?"

　　이 말에 아이들은 지금까지 나온 가치와 설명을 다시 한 번 쭈욱 훑어보면서 생각에 잠긴다. 아마 지금껏 한 번도 여기에 대해서는 깊이 생각해 본 적이 없을 것이다. 이제는 자신이 무엇에 가장 높은 가치와 의미를 부여하며 살아가고 있는지를 알아야 할 때이다.

　　드디어 한 아이가 번쩍 손을 들었다. 눈은 빛났으며 시선은 흔

들리지 않았다. 이건 자신의 정체성에 대하여 무언가를 알아냈다는 증거이다.

드디어 열린다!

"저는 자신감을 최고로 치는 것 같아요. 자신감이 있어야 그 다음에 사랑도 하고, 유머도 나오고, 사람을 믿을 수 있잖아요?"

"저는 사람들이 행복하게 잘 살아가려면 유머가 제일 중요하다고 생각해요. 애들은 『개그 콘서트』나 『웃찾사』를 재미있다고 하면서 왜 유머를 중요하게 생각하지 않는지 모르겠어요. 저는 재미없는 사람이 제일 싫어요."

"저는 용기라고 생각해요. 용기만 있으면 이 세상에 못할 게 없을 것 같아요."

"저는 사랑이 최고예요."

"저는 평등이요. 차별 받는 것은 싫어요. 그 다음이 존중, 사랑… 음, 많아요."

"전 자유로우면 제일 행복할 것 같아요. 자유요!"

"다 좋지만, 이거 전부를 합친 것이 행복이에요. 행복보다 더한 아름다운 가치는 없어요."

아이들은 끝도 없이 자기가 최고로 치는 가치를 늘어놓고는 골똘히 생각에 잠겼다.

가치란 서로 '다른' 것이지 '틀린' 것이 아니다

최고로 손꼽는 가치는 이토록 서로 다르다. 지금까지 왜 그토록 친구와 싸웠는지, 무엇 때문에 멀어지고 가까워지게 되었는지도 알 수 있을 것 같다. 그것은 어떤 사람이나 현상, 사물에 대하여 부여하는 의미, 즉 가치관이 다르기 때문이다. 나는 양심을 높은 덕목으로 보는데, 이 친구는 용기를, 저 친구는 사랑을, 또 다른 친구는 노력이 최고라고 한다. 사람들은 누구나 자기가 귀하게 의미를 두는 것이 있으며, 거기에는 순서와 정도의 차이가 있을 뿐 우열은 없는 것이다.

그리고 같은 일이라도 서로 다른 가치를 부여하는 경우가 있다. 이를테면 '하리수를 여자로 인정하는 것'을 '노력'이라고 말한 사람이 있는 반면에, '성전환은 자유이고, 여자로 인정하는 것은 당연하지 않은가?'라고 말하는 사람도 있다.

아, 비로소 알 수 있다. 가치관은 서로 다른 것이지 틀린 것이 아니라는 것을. 지금까지 '너는 왜 나와 같지 않으냐?'며 비난하고 갈등하던 태도에서 점차 타인을 이해하고 존중하는 태도로 변할 수 있는 길을 찾은 것이다. 이 훈련은 이런 변화를 가능하게 만드는 매우 적절한 방법이다.

긍정적 가치의 낱말도 해석에 따라 부정적인 것도 있다

가치의 방향을 어디에 두는가에 대한 교사의 신념과 철학이 전제되지 않으면 언젠가는 '전쟁'을 '약하고 능력 없는 사람들을 보호해 주는 것'이라고 말하는 아이가 나올 수도 있다. 이는 위험한 일이다. 적어도 남을 죽이거나 고통을 줌으로써 얻는 가치가 아름다운 것이 되어서는 안 된다. 이러한 관점에서 아이들과 토론을 통해 지금까지 나온 것들 중에서 '희망 – 일본이 침몰하는 것', '평화 – 부시가 죽는 것' 두 개를 탈락시키는 데 의견이 일치했다.

그리고 '도전 – 국어 시간에 사전 안 가져오는 것', '의리 – 친구의 부정을 눈감아 주는 것'라고 한 것은 각각 교육적, 도덕적인 면에서 그다지 바람직하지 않다는 것에 교사와 학생이 인식만 함께 하고 탈락은 시키지 않았다.

'쾌락'을 아름다운 가치라고 할 수 있는지 이의를 걸면 아이들은 "어, 기쁜 건데 왜 안 돼요?" 하며 눈을 동그랗게 뜨고 항의한다. 사실 단어 자체가 가진 뜻은 '유쾌하고 즐거운 느낌'으로 다분히 긍정적인데, 그것을 인식하는 우리 어른의 가치관이 도리어 편견에 치우친 부정적인 시각은 아닐는지 새삼 고민이 된다.

또 '책임'을 '성관계를 맺어 임신이 되었을 때 남녀가 함께 맡아야 하는 의무'라고 정의 내린 것이나 '남자 친구와 손만 잡고 자는 것'을 '인내'라고 풀이한 것을 보고 틀렸다고 말할 수 없기에 나는 마음이 몹시 거북하였다. 아니, 도덕적인 꾸중을 하지 않으려고 노력하느라 불편하였다.

아, 교사의 가치관을 어디까지 개입하여야 할지 혹은 개입을 하지 않는 것이 옳은지에 대하여 자신할 수 없는 것이 사실은 더 불편하다.

국어 시간도 아름다운 가치에 넣고 싶다

아이들의 반응은 한마디로 열광과 감동 그 자체였다.

- 막연하고 추상적이던 '가치'라는 것을 딱딱한 사전식 풀이가 아닌, 그것도 '아름다운 가치'를 구체적으로 우리 사는 데서 직접 찾다 보니 뜻을 더욱 명확하고 투명하게 알게 되었다. 또 그것이 우리 생활 속에서 번번이 일어나는 것들임을 발견하고는 놀라웠다.

- 아름다운 단어들만 보고 아름다운 생각만 하다 보니 나까지 아름다운 사람이 된 것 같다.

- 내가 제일 중요시 여기는 가치를 깨달았을 뿐만 아니라, 친구들이 어떤 가치를 높게 두는지 알게 되어 전보다 더 이해하고 존중하게 되어 친해졌다.

- 친구에게는 있고, 내게는 없는 가치가 무엇인지 찾아보는 것도 의미 있었다. 나는 '겸손'이 절대적으로 부족하다는 사실을 인정해야 할 것 같다.

- 내가 평범하게 생각해 온 것들이 얼마나 아름다운 가치인지 알게 되었다. 따듯한 물에 노란색 물감이 퍼지듯이 마음이 따뜻해지게 만드는 수업이다.

• 문학 작품의 등장인물에게 주고 싶은 가치를 생각해 본 것이 신선하고 충격이었다. 『시집가는 날』의 맹진사에게는 정말이지 '진실'을 주고 싶다. 부와 명예에 눈이 멀어 족보를 거짓으로 고치고, 딸을 장애가 있는 사람에게 보내고 싶지 않아서 딸과 하녀를 바꿔치기 할 수 있는가. 그리고 명희 샘께 결핍된 가치는 친절과 인내다. 질문한 뒤에 대답이 느리거나 우물거리면 단박에 화를 내시니까 말이다.

• 관용, 연대, 금지 등 어렵게만 생각되던 단어도 알게 되어 속이 시원하고, 마치 내 자신이 그 세계에 속한 사람처럼 멋지게 느껴진다.

• 앞으로 나와 가치관이 다른 사람들을 그대로 인정하며 존중할 수 있을 것 같다.

아이들의 감동과 기쁨은 교사에게도 그대로 전해졌다. 3시간에 걸친 수업 동안 아이들도 하리수를 여자로 보는 것이 '노력'이고, 여자로 인정하는 것을 '존중'으로 생각하는구나 싶어서 안도감과 함께 친근감이 들었다. 그리고 마침 종이 쳐도 나가지 않는 선생님을 '관용'으로 봐 주니 종이 치면 바로 나가주는 게 '희망'이라 말해도 오해 없이 받아들여진다.

이 모든 것들 중에서도 '명희 선생님이 웃으며 수업하는 것'이 '평화'임을 1위로 선정한 아이들, 그리고 '국어 시간도 아름다운 가치에 넣고 싶다'는 진원이의 말을 축복의 말로 기억할 것이며,

오래 오래 너희에게 평화를 선사하리라 다짐한다.

자존감을 드높이는 문법 교육이 필요한 이유

국어 교과서에 문법이라는 영역이 엄연히 존재하고, 그 필요성과 성취 기준이 명시되어 있다는 이유로 문법을 공부하는 것만은 아니다. 문법은 결코 지식에만 그치는 문제가 아니다. 말과 글을 올바르게 사용한다는 것은 장차 자기의 삶을 살기 위한 싸움에서 자신이 받는 불이익을 줄일 수 있으며, 또 장차 자신에게 올지도 모르는 불공평과 차별에 맞서 싸우는 데 필요한 근본적인 수단을 획득할 수 있으므로 문법 교육은 실용적인 차원에서 강조해야 하리라 본다.

중학교 2학년 아이가 독서 공책에서 '나는 문법 수업이 제일 싫다. 이 수업만 듣다 보면 선생님의 스트레스를 모두 우리에게 푸는 것만 같은 기분이 들 정도이다'라며 문법에 열을 올리고 있는 교사를 끔찍하게 표현해 놓았다.

그러나 '너마저, 너조차, 너까지, 너만, 너도'에서 조사만 바꾸어도, '그럴수록, 그렇다고, 그렇다면, 그럴망정, 그러니까'에서 어미만 바뀌어도 얼마나 뜻이 변하고 상황이 달라지는지를 알아야 한다.

재미있게 빨리 전달하기 위한 신조어와 국적을 알 수 없는 언어가 파도처럼 밀려오고 있지만, 여전히 표준 발음이나 표준어, 그리고 바른 문장은 일종의 사회적 약속이다. 그리고 말과 글은 우리의 의식을 반영한다. 한 글자, 한마디에도 원칙에 맞게 정확하게 하려는 노력은 사회의 원칙을 지키려는 조심스런 마음가짐의 출발이다. 뜻만 통하면 된다는 생각은 결국 무엇이든 결과만 좋으면 원칙을 지킬 필요가 없고 지키는 사람만 손해라는 우리의 사회의식을 반영하는 것이다. 원칙이 없는 사회는 억울하게 다치는 사람이 많다. 자존감을 드높이고 평화로 나아가는 바른 언어 교육은 그래서 중요하고 또 필요한 것이다.

6장

교실에서
세상을 읽다

― 신문 수업

'사실'과 '의견'
구분하기

때로 아이들의 말을 듣고 있노라면 어디서부터 객관적인 사실이고, 어디까지가 개인적인 의견인지 구분하기 어려울 때가 있다. 더욱이 흥분하거나 화가 났을 때는 사실과 감정이 한데 섞여 무슨 말인지 도무지 이해하기가 어려울진대, 교과서나 문학 작품을 제대로 감상할 것을 기대하기란 더더욱 어렵다.

사실을 제대로 알지 못한 채 나온 의견이란 무의미하므로 '무엇을 말하고 있는가?'부터 정확히 아는 작업이 필요하다. 신문이나 TV, 잡지는 특정 기사를 빼고는 대부분 내용, 즉 '사실' 부분과 그에 대한 기자 자신의 '의견'으로 되어 있다. 따라서 신문 기사에서 사실과 의견을 구분하는 활동은 글쓴이가 전달하려고 하는 것이 무엇인지를 확인하고, 그것을 효과적으로 표현하는 방법을 배우는 과정이라고 할 수 있다.

신문은 각자 가지고 오거나 교사가 한 부씩 나누어 주고 한 시간 내내 읽는다. 신문은 공간을 많이 차지하므로 책상을 뒤로 물리고 아예 바닥에 주저앉아 널찍한 자세로 보면 기사를 스크랩하기도 좋고, 사전을 찾아 가며 공책에 기록하기에도 편안하고 자유롭다.

사설로 논술 공부를 하는 것은 정치, 사회적 배경 설명이 필요한 중학생들에게는 아직 어려운 일이다. 그래서 처음에는 아이들이 좋아하는 스포츠, 연예 기사로 시작하여 서서히 사회면이나 독자 투고, 칼럼으로 옮겨 가도록 지도한다. 이때 신문 읽기에 흥미와 관심을 가지도록 당분간 교사는 개입하지 않는 것이 좋다.

기사를 읽으면서 핵심어에 동그라미를 치거나 주제 문장에 밑줄을 긋고, 표시한 핵심어를 중심으로 내용 요약을 한 뒤, 개인적인 의견을 쓰는 훈련을 되풀이하는 동안 아이들은 놀랄 만큼 집중한다. 무엇보다 자기만의 시간을 갖는 것이 좋고, 마치 사회에 당당히 참여하는 어른이 된 것 같은 느낌이 드는 모양이다. 친구들의 발표를 들으며 독서 공책에 내용을 요약하고 자기의 평가도 간략히 기록한다.

[독자 투고] 부모님께 1일 2회 전화해 보이스 피싱 예방하자

중 2 김성주

최근 들어 주춤했던 <u>전화 사기</u>가 극성을 부리고 있다. 과거에는 '통장 계좌가 유출됐다, 카드가 신규로 발급됐다'는 수법으로 사기 전화를 하였는데 최근 수법은 자식을 둔 부모라면 간담이 서늘할 정도로 악랄한 수법의 사기 전화가 성행을 하고 있다.

예를 들면, '지금 당신의 <u>자녀</u> 아무개를 <u>납치</u>하고 있으니 <u>현금</u> 얼마를 <u>입금하라</u>'는 수법으로 사기 전화를 하고 있으며, 대상자의 자녀 이름까지 정확히 알고 사기 전화를 하기 때문에 이런 전화를 받고 당황하지 않을 부모는 없다.

이런 사기 전화를 예방하기 위해 경찰서 등 관계 기관에서는 영상 매체를 이용한 홍보를 하고 있으며, 특히 경찰에서는 각 마을 부락 및 노인정 등을 찾아다니며 홍보 영상 상영과 전단지 등을 이용한 홍보를 하고 있다.

하지만 <u>피해 사례</u>를 예방하기엔 역부족인 듯해 이럴 때 도회지나 타지에 나가 학교나 직장 생활을 하는 자녀들이 아침, 저녁으로 1일 2회 정도만 <u>부모님께 안부 전화</u> 겸 '나는 잘 있으니 위와 같은 전화가 오면 절대 속지 말라'는 당부를 한다면 그 어떤 예방책보다 실효성이 있다고 생각하고, 덤으로 부모님께 <u>효도</u>하는 자식이란 소릴 듣는 <u>일석이조</u>의 효과가 있지 않을까 한다.

−변승주, 강원 정선 경찰서 수사 지원 팀장, 전국매일신문, 2011.6.9.

〈핵심어〉

전화 사기, 자녀, 납치, 현금, 입금, 피해 사례, 예방, 부모님, 안부 전화, 효도, 일석이조

〈사실〉

최근에 아이들을 납치했다고 부모들한테 전화해서 돈을 뜯어 내려는 사기 전화가 많아지고 있으니 자녀들은 효도하는 셈치고 하루에 두 번씩 부모님께 전화하여 걱정을 덜어 드리라는 내용이다.

〈의견〉

멀리서 학교를 다니거나 직장 생활을 할 정도로 나이를 먹었으면 납치될 일도 잘 없고, 자기 관리를 혼자 할 수 있으니 부모님이 걱정하시지는 않을 것 같지만, 나이 드신 부모님은 노파심에 걱정이 많으니 자신의 무사함도 알리는 겸 안부도 여쭙는 것은 좋다고 생각한다.

친구들의 신문 기사 내용 및 교사의 평가

김혜미 전기 자동차를 만들어 우승을 차지했다. 꿈을 위해 노력하는 모습이 존경스럽고 본받고 싶다.

교사의 평가 누가 어디에서 우승했는지 밝히지 않음. 말하듯이 안 하고 공책을 읽듯이 발표함.

김은영 이명박 대통령이 한나라당 박근혜 대표와 대화. 박근혜 대표가 여자 대통령이 되면 나라를 잘 돌봐 줄 것 같다.

교사의 평가 자기 생각을 잘 말함.

김소연 아마존 댐 건설로 전기 공급. 그러나 원주민들은 환경 파괴를 이유로 반대. 2015년에 전력 생산된다. 지구 온난화 심각해질 듯. 아파 죽는 사람들 도와줬으면.

교사의 평가 기사 내용 전달도 명확하고 자기 생각도 확신에 차서 아주 잘 말함. 설득력 있음.

조예원 김씨가 초등학생을 납치, 나무에 묶음. 협박 전화를 하러 간 사이 비명 소리를 듣고 초등학생을 구함. 범인 성폭행 DNA로 체포. 야산에서 침을 어떻게 찾아냈을까. 모르는 사람을 따라가면 안 됨.

교사의 평가 말할 때 시선 처리가 부자연스럽다. 발표의 내용도 어두운데 말하는 표정도 어두워서 무섭다.

황예진 김천시는 어린이한테 자전거 면허증을 준다. 아이들에게 자전거 탈 때 필요한 안전 의식을 심어 주기 위해서다. 자전거 못 타니까 면허증 따고 싶다고.

교사의 평가 말끝이 흐려서 잘 안 들려 답답함.

학생들의 소감

 '세상 읽기'를 하면서 무엇보다도 나는 한국인이며 한국에 살고 있다는 것을 느꼈다. 지금까지는 살인 사건이 일어나든, 건물이 무너지든, 나라가 어떤 정치를 하든 '이 땅 위에서 일어나는 온갖 일들은 나와는 전혀 상관없다. 그저 이 땅 위에서 집 짓고 살고 있는 거다'라고만 생각했다. 그런데 신문을 보면서 이런 모든 것들은 얼마든지 내게도 영향을 줄 수 있다는 걸 느낀 거다. 정치 제도는 교육 제도와 연결되고, 살인 사건은 내가 사는 예천에서도 일어날 수 있고… 등 전체적으로 내 가치관에 영향을 줄 수 있다는 거다.

 또 신문을 보면서 어떤 특정한 분야에 관심을 가지게 되었다. 바로 사회와 경제이다. 원래 난 추리 소설을 매우 좋아한다. 그래서 모든 일의 원인과 결과 같은 걸 많이 따지는 편인데 사회나 경제 부분은 그게 잘 나와 있기 때문이다. (중 2 권성미)

 여러 권의 독서 공책을 채우며 자신을 반성할 수도 있었고, 특히나 '신문 읽기(세상 읽기)'는 많은 도움이 되었다. '신문 읽기'에서 가장 크게 얻은 것은 신문 보는 습관이었다. 요즘도 신문을 꼬박꼬박 읽고 많이 생각하려고 한다. '신문 읽기'는 여러 면에서 한 사건을 분석할 수 있도록 해 준다. '신문 읽기'를 할 때는 한 종류의 신문이 아니라 여러 종류의 신문을 보게 되는데, 이 작업은 한 사건을 보는 관점이 어떻게 다를 수 있는지를 알게 되고 그런 과정 속에서 한 사건을 분석하는 방법과 시각을 익히게 된다.

 중학생 수준에서는 한 사건을 깊이 있게 분석하는 것은 무리이다. 사실 지금도 무리이긴 하지만, 문제에 부딪쳤을 때 각 신문의 견해 차이에서 배운 시각을 부족하나

신문을 보며 세상을 읽다

마 절로 활용하게 되곤 한다. 또 신문을 계속 읽다 보면 사람을 만나고 지식도 접하게 된다. 그리곤 세상이 넓다는 것과 '나'라는 존재가 세상의 일부란 것을 알게 된다. 단편적인 지식에서 점차 벗어나 단편적인 지식을 조립하는 능력도 갖추게 된다.

그러나 '신문 읽기'는 단시간에 이루어지는 것은 아니다. '신문 읽기'를 하면서 친구들과 교실 바닥에 신문 깔고 앉아 기사를 오려 붙이고, 생각을 정리하고, 그 의견들을 발표하며 새로운 시각을 끊임없이 받아들이는 것은 진정한 '신문 읽기'를 하기 위한 준비 과정이었다. 그런 작은 경험은 고등학교에 와서도 논술에 대한 두려움을 없애 주고, 여러 기사나 사설에 대해 찬성, 반대를 뚜렷하게 주장할 수 있는 토대를 길러 주었다. (고 2 주효숙)

교실 바닥에 앉아 편안하게 신문 읽기

주제가 있는
신문 수업

현재 나를 둘러싼 주변에서 일어나는 일들을 냉철하게 바라보는 일, 그리고 주체적인 생각을 키워 가는 일은 앞으로 사회에 적극 참여하고 책임 있는 인격체로 성장하는 데 주요한 기틀이 될 것이다.

여기에 다음과 같이 교사의 개인적인 경험도 함께 녹여 내는 일도 의미가 있지 않을까 생각하며 수업 사례를 소개한다.

신문으로 베트남 평화 기행을 떠나다

두 번에 걸쳐 베트남 전쟁 때 한국 군이 주둔했던 베트남 중부 5개 성 중 한국 군에 의한 민간인 학살 지역에 세워진 위령비와 증오비를 둘러보고 온 적이 있다. 아울러 생존자와 희생자들의 생생한 증언까지 듣고 돌아와서는 동행한 기자가 쓴 신문 기사를 가지고 중학교 2, 3학년을 대상으로 4차시에 걸쳐 '주제가 있는 신문 수업'을 하였다.

수업은 '도서실과 강당 바닥에 앉아서 신문 훑어보기→ 새롭게 안 사실과 의문점, 감상을 독서 공책에 메모하기→ 컴퓨터 실에 가서 교사가 쓴 글과 찍어온 사진을 꼼꼼히 읽고 댓글 쓰기→ 메모한 내용을 바탕으로 감상문 쓰기' 순으로 이루어졌다.

아이들은 숨도 쉬지 않은 채 지나치게 진지하였다. 특히 의문점을 가지거나 한국 군이 베트남 여성들에게 성폭력을 저지른 내용과 일본군 '위안부' 문제를 연관 지은 학생에게는 특별히 칭찬해 주었다. 그리고 참여한 전원에게 베트남에서 사 온 과자와 책갈피를 선물하였다. 수업에서 나온 아이들의 반응은 기대 이상이었다.

아직 마르지 않은 베트남의 눈물을 생각하며

김명희(경북 봉화 재산 중학교 교사)

베트남에서 돌아온 지 한 달이 지났습니다. 학교는 개학을 하여 본격적으로 2학기 수업에 들어갔습니다만, 저는 베트남 곳곳에 서려 있던 눈물과 탄식이 생생하니 여전히 베트남을 떠돌고 있는 듯합니다.

2014년 2월 정대협(정신대문제대책협의회)이 주최한 '나비 기금과 함께 떠나는 베트남 기행'에서 한국 군에 의한 베트남 피해 여성들을 만나 '그들의 고통을 우리가 안다. 그들을 위하여 써 달라'고 일본 군 '위안부' 할머니들이 보내는 기금을 전달하고, 피해 여성과 가족들의 증언을 듣는 시간을 가졌습니다.

이어서 7월 '한홍구와 함께 떠나는 베트남 평화 기행'에서는 베트남 전쟁 때 한국 군이 주둔했던 베트남 중부 5개 성 중 한국 군에 의한 민간인 학살 지역에 세워진 위령비와 증오비를 둘러보고, 생존자와 희생자들의 생생한 증언도 들었습니다.

베트남은 1964년 이전에는 잘 알지도 못했던 나라입니다. 당연히 그들은 우리를 한 번도 해코지한 적이 없었을 뿐만 아니라 오랜 외세의 침략으로 고통 받아 왔고, 남북으로 민족이 분단된 역사가 우리와 비슷하여 오히려 형제애를 느낄 만한 나라입니다.

그런데 우리는 베트남에서는 '미국 전쟁'이라 부르는 베트남 전쟁에 1964년부터 73년까지 비전투 부대를 포함하여 맹호, 청룡, 백마 부대 총 32만여 명을 파병하였습니다. 국기를 흔들며 그들을 떠나보내던 그 시절, 그들이 무슨 짓을 하는지, 남의 나라 싸움을 우리가 왜 도와주러 가야 하는지 의문도 없이 말입니다.

그 전쟁은 수많은 전사자와 부상자를 낳았고, 그 과정에서 5천여 명의 베트남 비무장 민간인이 죽임을 당하였습니다. 이후 베트남 중부성에 세워진 위령비가 60개가 넘고, 1992년, 두 나라 간에 교류가 시작되었음에도 3개의 증오비가 남아 있습니다.

두 번의 여행을 통하여 어느 것 하나 한국인으로서 부끄럽지 않은 곳이 없고 마음 쓰라리지 않은 사람이 없었습니다. 그 중에서도 순간순간 고통스럽도록 잊히지 않는 것이 있으니, 빈딘성 고자이 마을에 세워진 벽화와 꽝아이성 빈호아사 마을 입구에 세워진 한국 군 증오비, 그리고 유서 깊은 옛 도시 호이얀 부근의 하미 마을에 세워진 연꽃 비석입니다.

고자이 마을의 위령비와 벽화가 있는 곳까지 걸어가면서도 고요한 농촌 풍경을 한가롭게 감상할 수 없는 처지임을 알기에 간혹 마주치는 주민에게 공손히 "신자오(안

한국군의 만행을 새겨 넣은 고자이 마을 벽화

녕하십니까)!" 하고 인사를 건넸으나, 그 주민은 그다지 달갑지 않은 표정을 지었습니다. 무안하고 죄스러웠습니다.

위령비에는 '1966년 2월 26일, 미 제국주의의 지휘 아래, 남조선 꼭두각시 군인이 380명의 무고한 민간인을 학살했다.'는 비문과 함께 희생자 380명의 이름과 나이, 성별이 빼곡이 적혀 있었습니다. 벽화에는 맹호 부대의 마크를 단 한국 군이 마을을 불태우고, 여자들을 강간하고, 우물에 수류탄을 던지고, 노인과 아이들을 짓밟고, 몽둥이로 때리고, 칼로 찌르고…. 아비규환이 벌어지는 현장을 보는 동안 아찔한 현기증이 일어났습니다. 우리가 일본에게 전범죄를 인정하고 사죄하라 할 때마다 아베 총리가 그토록 무례하고 오만방자한 태도를 보이는 까닭을 알 수 있을 듯합니다.

베트남 중부 꽝아이성 빈선현 빈호아 마을 입구를 들어서면 바로 오른쪽 언덕에 눈에 띄게 서 있는 한국 군 증오비! 내 눈으로 가장 확인하고 싶었던 바로 그 비석입니

빈호아 마을의 증오비에 헌화하는 일행

다. 'Bia Câm Thú(증오비)'라는 글자가 선명한 저 비문은 베트남 정부에서 세운 것이므로 하미 마을 같은 굴욕적인 성격이 전혀 들어가 있지 않습니다.

비문에는 1966년 12월, 미 제국주의의 용병인 남조선 군인이 민간인을 학살했다는 내용이 쓰여 있었습니다. 비석 맨 위에는 '하늘에 닿을 죄악, 만대에 기억하리라'는 문구가, 비석 아래 제단에는 '미 침략 적군에 대한 복수심을 영원토록 깊이 새긴다'는 글이 쓰여 있습니다. 오른편에는 도표를 그려 희생자의 현황을 기록해 놓았습니다. '430명 가운데 여성은 288명, 50~80세 노인이 109명, 82명은 아이, 7명은 임신부, 2명은 산 채로 불에 태워 죽였으며, 1명은 목이 잘린 채 죽창에 꽂아 마을 입구에 걸어 놓았다. 또 2명의 여성은 윤간을 당했으며, 두 가족은 몰살 당했다'는 기록앞에서 우리 일행은 모두 죄인이 되어 자리에 엎드려 눈물로써 사죄하지 않을 수 없

마지막 씨름판 같은 저곳 역시 마을 사람들을 한데 모아 놓고 학살한 곳.
향을 꽂으면서 나는 끝내 울음을 터뜨렸다. ⓒ송필경

었습니다.

베트남 중부의 유서 깊은 도시 호이안 부근의 하미 마을에서는 차마 눈을 들 수 없을 정도로 부끄러웠습니다. 무슨 영문인지 연꽃 대리석으로 비문을 덮어 놓아서 유일하게 읽을 수 없는 이 비석에는 이런 역사가 있다고 베트남 공정 여행 대표자 구수정 박사가 말해 주었습니다.

1968년 2월 25일(음력 정월 26일) 오전 청룡 부대 3개 소대가 하미 마을에 들어왔다. 주민들은 한국 군이 종종 마을에 들어와 먹을 것을 나누어 주었으니 그날도 그런가 보다고 모였으나, 그들은 들어온 즉시 마을 30가구 주민 135명을 총살했다. 학살 뒤 몇 안 되는 생존자들은 서둘러 무덤을 만들고 희생자들을 묻었다. 더 처참한 일은

1930	79	TRẦN ... ĐÀO	1959	115	NGUYỄN VĂN HỘI		1964
1932	80	NGUYỄN THỊ MỘT	1959	116	NGUYỄN THỊ QUÝ		1964
1932	81	NGUYỄN VĂN PHẬN	1959	117	TRẦN THỊ SANG		1964
1932	82	NGUYỄN VĂN BÉ	1960	118	NGUYỄN THANH TÀI		1964
1935	83	NGUYỄN THỊ BÉ	1960	119	NGUYỄN THỊ TỬU		1964
1936	84	PHẠM THỊ BÉ	1960	120	NGUYỄN THỊ BÉ		1965
1936	85	ĐẶNG THỊ CẢ	1960	121	TRẦN THỊ BÉ		1965
1937	86	PHAN VĂN CHỨC	1960	122	NGUYỄN VĂN CU		1965
1937	87	NGUYỄN THỊ HẠNH	1960	123	TRẦN THỊ CÚC		1965
1938	88	NGUYỄN THỊ MÈO	1960	124	TRẦN THỊ DÊ		1965
1939	89	ĐOÀN THỊ NGŨ	1960	125	NGUYỄN THỊ THÀNH		1965
1940	90	LÊ THỊ QUỚI	1960	126	PHẠM THỊ THÀNH		1965
1940	91	NGUYỄN VĂN TÂM	1960				
1940	92	TRẦN VĂN THIỆN	1960				
1941	93	NGUYỄN THỊ BÉ	1961	127	CAO THỊ THƯƠNG		1965
1941	94	NGUYỄN THỊ ĐẠT	1961	128	NGUYỄN VĂN CU		1966
1943	95	TRẦN THỊ LỢI	1961	129	LÊ CÔNG QUÝ		1966
1945	96	NGUYỄN VĂN MIÊN	1961	130	NGUYỄN THỊ HỒNG		1967
1945	97	TRẦN VĂN ƠI	1961	131	NGUYỄN VĂN TÈO		1967
1945	98	TRẦN THỊ PHẨM	1961	132	NGUYỄN VĂN TỬ		1967
1950	99	TRẦN THỊ QUA	1961	133	NGUYỄN VÔ DANH		1968
1950	100	NGUYỄN THỊ TẤN	1961	134	NGUYỄN VÔ DANH		1968
1951	101	NGUYỄN VĂN ĐẠT	1962	135	NGUYỄN THỊ VÔ DANH		1968
1951	102	NGUYỄN THANH NGỌC	1962				

하미 마을의 비석 앞면. 사망자 이름과 나이가 새겨 있다.
68년에 일어난 학살인데, 태어난 연대가 60년 이후인 사람은 모두 어린아이들이다.
명단 뒤쪽으로는 68년 출생도 많다. 한 살, 두 살 아기들이 숱하게 죽은 것이다.

다음 날 일어났다. 한국 군이 불도저를 가져와 무덤을 파헤쳐 시체의 형체를 알아볼 수 없게 한꺼번에 깔아뭉갠 것이다.

46년의 세월이 흐른 2000년 12월, 월남 참전 전우 복지회가 하미 마을에 찾아와 위령비 건립에 전액을 기부하기로 해서 위령비를 착공했다. 완공을 앞둔 2001년에 월남 참전 전우 복지회는 청룡 부대와 관련한 비문 내용을 문제 삼아 비문 일부를 지우라고 요구했다. 하미 마을 사람들은 있었던 일을 서술한 비문을 지우라는 요구를 받아들일 수 없었다. 마을 인민위원회 주석은 "고칠 생각이 없습니다. 우리 돈으로 세웠으면 증오비를 세웠지, 위령비를 세우지 않았을 것입니다."라고 반발했다. 돈이

하미 마을의 비석 뒷면. 비문에는 한국인의 항의로 연꽃 타일로 덮어 놓았다.
"언젠가 당신들이 직접 열어라."

없어 자신의 위령비를 세울 수 없었던 주민들은 결국 문제의 비문을 지우는 대신 연
꽃 그림이 그려진 타일로 비문 전체를 덮어 버렸다. 언젠가 당신들이 직접 열라며….

　아, 연꽃은 우리나라의 무궁화에 해당하는 베트남의 국화입니다. 가슴이 뭉클하
고 목이 뜨거워 옵니다. 생존자 론 아저씨의 "저의 희망은 한국 정부가 학살을 시인
하고, 한국의 국민들이 이를 진실로 받아들이는 것입니다." 하던 말씀이 지금도 귀에
맴돌고 있습니다.

게시판에 쓴 아이들의 댓글

- '비문을 가린 연꽃 덮개를 언젠가 당신들이 직접 열어라'라는 뜻은 우리 정부가 학살이 있었다는 것을 인정한 다음에 열라는 뜻인가요? 언젠간 우리들이 열 수 있는 날이 오겠죠?

- 사진으로 보니까 글로 읽었을 때 이해되지 않은 것들이 더 잘 이해돼요. 우리나라가 저런 짓을 했다는 게 너무 부끄러워요. 그런데 한국이 잘못을 시인한다면 정말로 베트남 사람들의 증오가 줄어들까요? 과연 그럴 수 있을까요?

- 진짜 말이 안 나오네요. 정말 고엽제가 무섭고 사진으로 보니까 소름이 돋아요. 고엽제의 후유증이 원자 폭탄의 방사능에 맞먹는 모양이에요. 아니다, 더한가요?

- 화가 나 미칠 것 같다. 나라도 증오를 하며 살아갈 수밖에 없을 것이다. 나중에 내가 어른이 되면 꼭 대신 사과드리겠다. 베트남 사람들이 우리를 증오하는 마음의 크기가 우리가 일본을 증오하는 것과 맞먹는 것 같다.

- 우리나라도 사과를 하여 베트남과의 지난 악연들은 깨끗하게 잊고 우리도 일본에게 사과를 받았으면 하는 바람이다. 무엇보다 베트남과 친해질 수 있는 길을 열었으면 좋겠다.

- 우리나라도 일제 강점기 때 일본군에게 지배 받았던 것처럼 베트남 사람들도 똑같은 고통과 상처를 크게 받았을 거라는 생각에 마음이 무겁네요. 한국 군 증오비를 세울 만큼 우리나라를 원망하고 있다는 사실이…. 하~, 마음이 너무 아파요.

- 베트남 전쟁이 있었다는 건 말로만 들었지, 이렇게 많은 사람들이 고통을 받고 슬퍼했다니, 안타깝고 마음이 말할 수 없이 쓰려요. 정말로 미안합니다. 권정생 님의 말씀처럼 전쟁은 없어져야 해요.

독서 공책에 쓴 아이들의 감상문

난 이때까지 우리나라가 다른 나라를 침략한 적도 없고, 나쁜 짓을 한 적도 없는 줄 알았다. 베트남 전쟁도 말은 들었지만, 나쁜 쪽이 아닌 우방 국가인 미국을 도왔다는 좋은 쪽으로만 보았다. 그러나 이 신문을 읽고 나니 생각이 확 바뀌었다. 내가 제일 안 좋게 본 것은 민간인 학살이다. 무고한 민간인을 수백 명이나 학살하고도 위령비 하나 안 세워 놓으니 같은 민족으로 부끄럽다. 만약 내가 대통령이라면 공식적인 사과나 하다못해 보상금을 주기라도 했을 것 같다. 우리 정부가 계속 이 상태로 사과도 안 하고 보상도 안 한다면 우리는 일본 앞에서 당당할 수 없다. 혹시나 우리가 베트남에게 사과한다면 일본도 우리에게 사과할지도 모른다. 이 신문을 읽다 보니 우리 외할아버지도 베트남 전쟁 참전 용사라는 게 생각났다. 그래도 다행인 것이 학살을 했던 부대는 아니라는 것이다. 정말로 다행이다. 나는 꼭 베트남에게 사과를 해야 한다고 생각한다. 생존자 인터뷰 내용 중에 '내가 죽을 때 한국 친구들이 찾아오면 잘 대해 줘라'는 구절이 있었다. 그들은 우리를 원망하지 않는다. 그러니까 우리는 그들에게 꼭 사과를 해야 한다. (중 2 김○○)

씻을 수 없는 상처

그런데 나는 문득 의심나는 것이 하나 있다. 한국 군이 베트남 여자들을 데리고 가서 노리개로 쓰지 않았을까 하는 것이다. 일본 군이 우리나라를 지배할 때 우리나라 여자들을 데려가서 노리개로 쓰지 않았던가. 우리나라도 그럴 가능성이 크다고 본다. 그리고 미국은 베트남에게 보상을 했다고 한다. 돈이면 다 해결되는 것도 아닌데, 사과를 해야지! 하지만 우리나라는 더 못됐다. 사과도 않고 인정도 하지 않았다. 너무 뻔뻔하다. 베트남에게 놀란 것은 한국을 증오하고 복수하고 싶을 텐데, 어떻게 우리나라와 전략적 동맹 관계인가? 놀랍다! 하루라도 빨리 우리 정부가 베트남에게 사과도 하고 인정을 하였으면 좋겠다. 그리고 베트남 전쟁과 같은 이런 전쟁은 앞으로 다시는 안 일어났으면 좋겠다. (중 2 권○○)

전쟁은 짧고 후유증은 길다

베트남 전쟁에 관해서는 책과 어른들의 말씀으로 어느 정도는 알고 있었지만, 이 신문 기사를 읽고 좀 더 자세히 알게 되었다. 우리나라 사람이 베트남에 가서 비무장 민간인을 많이 죽였다. 이걸 보면 우리도 일본과 비슷한 것 같아 마음이 아프다.

베트남 전쟁은 다른 전쟁과는 다르게 고엽제를 사용하였다. 이 고엽제라는 것은 요즘 말로 제초제인데, 인체에 엄청 해로우며, 풀과 나무를 말라 죽이며 땅속까지 축적된다. 아버지가 말씀하시길 미군이 우리 국군에게 제초제를 철모에 주며 손으로 뿌리게 하고, 심지어 국군 머리 위를 날아가며 제초제를 뿌렸는데, 국군은 아무것도 모르고 시원하다면서 그것을 맞았다고 한다. 나의 큰아버지 중 한 분이 베트남 전쟁에 참전했으니까 이 말은 믿어도 된다. 피부와 접

촉만 해도 문제가 되는데, 하물며 땅속에 있는 고엽제를 먹고 자란 식물은 어떻겠는가. 어디선가 읽었는데, '한국에 대한 증오가 1이면 미국에 대한 증오는 100이다'라고 하였다. 베트남 사람들은 우리가 진심어린 사과만 하면 모든 걸 용서해 준다고 한다. 우리 정부가 사과를 안 해서 문제지만 말이다. 만약 베트남과 우리 대한민국의 처지가 바뀐다면 우리는 베트남을 용서할 수 있을까? 용서하는 사람이 몇이나 될까? 별로 없을 것 같다. 나는 진실로 베트남을 존경한다. 미국을 이기지 않았는가. (중 3 홍○○)

신문을 국어 수업 속에 활용하는 것은 사실 여러모로 쉽지 않은 일이다. 그러나 정치, 경제, 사회, 국제, 여론, 연예, 오락, 스포츠, 주식…에 이르기까지 다양한 정보가 실린 신문을 보며 나라 안팎을 공부하는 것은 문학과 사회를 연결시키고, 독해 능력을 자연스레 키울 수 있으므로 적어도 한 학기에 한 번 정도는 할 만한 가치가 있다.

특히 베트남 전쟁 중 한국 군의 민간인 학살 기사로 해 본 4차시 수업은 역사를 보는 새로운 눈을 가지게 하였다. 특히 여성들에게 행한 잔혹한 만행을 일제 강점기때 한국에 저지른 일본의 악행과 일본군 '위안부' 문제까지 연결 지으며 분노하는 아이들의 모습에서 교과서 대단원 하나를 마친 만큼의 보람이 있었다.

수업을 진행하는 동안 혹시 있을지도 모를 참전 군인 학부모나 지역민의 항의에 대비하고 있었으나 다행히 어떤 난관에도 부딪치지 않고 순탄하게 끝낼 수 있었다.

그러나 아이들로부터 어떤 의문이나 항의성 질문이 없다는 것은 결코 좋다고만 할 수는 없을 것이다. 인근 지역에 월남 파병 참전 기념비가 세워져 있기 때문에 이와 관련하여 정치적, 사회적 의문이 있기를 바라지만, 우리 아이들은 일단 흥분하고 분노하는 데 충실하다. 여간 조심하지 않으면 교사의 가치관과 인생관을 그대로 흡수하게 될 수도 있다는 위험을 안고 있으므로 따라서 이러한 활동은 주제에 따라 충분히 검토하고 준비하여야 할 것이다.

7장

나만의 빛깔과 향기로
꿋꿋이 살아가자

— 들꽃 수업

들꽃이 주는 의미

　나는 수십 년 동안 안동시를 제외하고는 모두 읍, 면에 위치한 시골에서 근무하였다. 날마다 출퇴근길에 펼쳐지는 풍경을 보는 행복감에 나는 소풍 가는 아이처럼 들뜨고 즐거운 나들이를 하는 것만 같았다. 윤석중의 「넉 점 반」이라는 동시는 바로 이런 나의 심정을 그대로 빼다 놓았다.

　아기가 아기가
　가겟집에 가서

　"영감님, 영감님,
　엄마가 시방
　몇 시냐구요."

"넉 점 반이다."

"넉 점 반, 넉 점 반"

아기는 오다가 물 먹는 닭
한참 서서 구경하고,

"넉 점 반, 넉 점 반."

아기는 오다가 개미 거둥
한참 앉아 구경하고,

"넉 점 반, 넉 점 반."
아기는 오다가 잠자리 따라
한참 돌아다니고,

"넉 점 반, 넉 점 반."

아기는 오다가
분꽃 따 물고 니나니 나니나

해가 꼴딱 져 돌아왔다.

"엄마, 시방 넉 점 반이래…."

들꽃 수업과 「소나기」 문학 수업

들꽃을 수업 속으로 들여오자

자세히 보아야 예쁘다.

오래 보아야 사랑스럽다.

너도 그렇다.

나태주의 시 「풀꽃」은 김소월의 「진달래꽃」만큼이나 국민시로 사랑 받고 있다. 왜 그럴까. 특별히 아름답거나 화려하지도 않고, 발에 칠 정도로 아무 곳에나 흔하게 피어 있어 존재감 없는 들꽃 같은 신세인 사람들을 위로해 주고 참된 아름다움을 발견해 주었기 때문이 아닐까.

아이들은 자라면서 숱하게 본 그 많은 꽃들에게 다 이름이 있다는 사실에 놀란다. 시골에서 산다고 시골 지식이 많은 것도 아닌 아이들, '내가 그의 이름을 불러 주었을 때 그는 나에게로 와서 꽃이 되었다'는 시 구절을 꺼낼 필요도 없이 하나하나의 이름을 알고 제대로 부른다는 것은 사물을 정확하게 인식하는 바탕이 된다. 게다가 들꽃 수업은 인성 교육에도 더할 수 없이 좋다.

들꽃은 혼자 힘으로 싹을 내리고 꽃을 피우고 열매를 맺는다. 사람이 물을 주고 햇빛의 양이나 온도와 습도로 보살피지 않아도 제힘으로, 누구와 비교도 않은 채 제 생긴 대로 자기만의 빛깔과 향기를 가지고 사는 식물이다. 그처럼 우리 아이들도 남과 비교하여 열등감으로 삶을 황폐화시키지 않으며, 자기만의 멋과 개

성으로 씩씩하게 살아가 주기를 바라는 마음 간절하다. 나 역시도 좀 더 일찍 들꽃의 특성과 아름다움을 알았더라면 청소년기를 그토록 삭막하고 의기소침하게 보내지는 않았으리라.

바로 그것이다. 들꽃을 국어 수업 속으로 들여오자. 문학 작품과 함께 전인적인 품성을 키우며 강인하게 이 세상을 살아가도록. 그래서 우리는 운동장과 온 동네를 교실 삼아 참 많이도 돌아다녔다. '우리들은 모두 무엇이 되고 싶다. 너는 나에게 나는 너에게'를 읊조리며 들꽃의 이름을 하나씩 불러 주는 사이에 아이들은 신비하고도 새로운 세계를 만나게 된다.

손톱보다 작고 앙증맞은 꽃마리에 반한 순간 식물 세계가 나에게로 왔듯이, 아이들도 봄맞이꽃 혹은 은방울꽃, 애기똥풀, 민들레, 별꽃, 제비꽃을 알고 나니 낮은 곳을 볼 뿐만 아니라 이 세상이 새롭게 보이더라고 말한다. 씀바귀는 그 이름만큼이나 쓴데, 아이들은 라일락 잎을 맛보고는 차라리 씀바귀는 달다고 치를 떤다. 얘들아, 그렇듯이 지독하게 고통을 겪은 사람은 웬만한 아픔에는 아프다고 엄살도 안 부리고 울지도 않는단다.

「진달래꽃」의 화자는 누구일까?

봄이 되면 온 산은 진달래꽃으로 자욱이 붉게 물든다. 등굣길에 아이들은 곧잘 들꽃을 꺾어와 "이 꽃 이름이 뭐에요?" 하고 묻거나 내 책상 위에 몰래 꽂아 두곤 한다. 선생님 책상 위에 꽃을 꽂아 놓는 동화 같은, 혹은 영화 같은 이런 일이 시골에는 아직

들꽃과 함께한 아이들과 교사

남아 있다. 어느 스승의 날에는 카네이션 대신에 아이들이 꺾어 온 온갖 들꽃으로 꽃다발을 만들어 선생님들 가슴에 달아 주었던 아름다운 날도 있었다.

누구든지 진달래꽃을 꺾어 온 날에는 그날 국어 시간은 만사 제치고 김소월의 시 「진달래꽃」 수업을 한다. 일부러 공책에 시를 직접 옮겨 쓰게 하고는 '이 시에서 말하고 있는 사람은 대체 어떤 사람일까?'에 대하여 이야기해 본다. 예나 지금이나 대부분 아이들은 '떠나는 사람은 남자, 보내는 사람은 여자'라고 한다. 이유도 한결같다. 말씨가 여자 같고, 꽃을 뿌려 주니까 여자일 것이고, 영화나 드라마에서도 떠나는 사람은 늘 남자고, 참고 보내면서 우는 사람은 여자더라는 것이다. 참으로 지겹다.

그런데 오래 전, 어느 시골 고등학교 1학년 교실에서 딱 한 명이, 그것도 남학생이 간단히 대답했다.

"더 많이 사랑하는 사람입니다."

"왜지?"

"더 많이 사랑하는 사람이 항상 저자세니까요."

"어떻게 알지? 넌 경험이 있니?"

"예. 그러니까 저 시의 화자는 남자일 수도 있고 여자일 수도 있습니다."

이후 봄마다, 진달래꽃을 볼 때마다, 이 시를 공부할 때마다 이 시의 화자는 여자가 아니라 '더 많이 사랑하는 사람'이라고 마치 정답처럼 힘주어 가르쳤다. 수십 년이 지나 문득 이 말을 한 그 아이는 지금 뭐가 되어 있을까, 지금도 그렇게 생각할까 궁금했다. 이산가족 찾듯이 제자들을 동원하여 그 학생을 찾기 시작하였고, 어려움 끝에 마침내 찾아내는 데 성공하였다. 25년 전에 고등학교 1학년이었으니 지금은 42세, 아기 아빠가 되어 있었다. 다짜고짜 전화로 물어 보았다.

"얘, 김소월의 시 「진달래꽃」에서 말하는 사람은 어떤 사람일까? 물었을 때, 그 때 너 뭐라고 대답했는지 아니?"

"아니요. 기억은 안 나는데, 뭐 여자 아니겠습니까?"

"왜지?"

"옛날에는 대부분 남자들은 자유롭게 나다니고, 여자들은 소극적으로 살지 않았습니까. 그러니까 여자겠지요."

"너, 그때는 그렇게 말하지 않았어. 더 많이 사랑하는 사람이라고 했다."

"아, 제가 그랬나요? 세상 살면서 그 동안 많이 찌들었나 봅니다. 그때는 제가 꽤 괜찮은 대답을 했네요."

… 뭐 이런 이야기를 나누었다. 조금은 쓸쓸했지만 상조는, 현상조는 밝고 정중한 어조로 "선생님, 한번 꼭 찾아뵙겠습니다."라고 하였다. 평생을 국어 교사로 산 나에게 한 순간이나마 빛나는 희열과 환희를 선사했던 너를 나도 몹시 보고 싶다.

문학 작품 속의 꽃과 나무

꽃과 나무들은 문학 작품 속에 수없이 등장하여 내용과 분위기를 말해 주거나 등장인물의 심리를 대신 말해 주기 때문에 결코 무심할 수 없다. 따라서 출근길이나 학교 안팎에서 특정 꽃과 나무가 있는 곳을 유심히 봐 두었다가 해당 작품을 공부할 때 아이들을 데리고 직접 야외로 나간다. 거리가 멀 때는 직접 꽃을 따 와서 교실에서 보여 주기도 한다.

계절 따라 「진달래꽃」이나 「모란이 피기까지는」, 「살구꽃 핀 마을」이나 혹은 『옥상의 민들레 꽃』과 『강아지 똥』에 나오는 민들레 꽃, 『소나기』에 나오는 마타리, 『아우를 위하여』에 나오는 까마중, 『동백꽃』에 나오는 생강나무, 『너도 하늘말나리야』에 나오는 하늘말나리, 『메밀꽃 필 무렵』의 메밀꽃도 모두 꽃이 피는 시기가 정해져 있기 때문에 한시도 미룰 수 없다. 따라서 교과서에 나오지 않더라도 그때그때 교실 밖으로 나가서 문학 수업을 하면 되는 것이다. 이 작품들은 상급 학교에 가서 배울 수도 있고, 세상을 살아가면서 어느 순간에 만날 수도 있으므로 교과서 진도와 무관하게 공부한다고 하여 문제 될 것은 없다.

어느 가을 무렵, 김종길의 시 「성탄제」를 배울 때이다. 어릴 적 아파서 열에 들떠 있을 때 아버지가 수십 리 눈길을 걸어서 해열제로 좋다는 빨간 산수유 열매를 구해 와 이마를 짚어 줄 때 아버지의 서늘한 옷자락의 느낌이 지금 어른이 되어 눈발이 차갑게 와 닿았을 때와 연결되는 따스한 시이다. 시 속의 하얀 눈과 빨간 산수유 열매의 시각적 이미지, 그리고 열로 뜨거운 이마와 서늘한 옷자락으로 대비되는 촉각적 이미지를 생생하게 이해시키기 위하여 아이들을 학교 근처 숲으로 데리고 갔다. 봄에 이곳을 오가며 노란 산수유 꽃이 많이 핀 것을 본 적이 있기 때문이다. 과연, 그곳에는 빨간 산수유 열매가 다닥다닥 달려 있었다. 아이들 몰래 준비해 온 솜뭉치를 꺼내서 그 위에 열매를 올려놓았다. 하얀색과 빨간색이 대비되어 간신히 시 속으로 아이들을 데리고는 갔으나, 탄성을 내지른 그 순간의 경험이 아이들의 삶에 과연 얼마나 윤기를 보태 주었을는지는 모른다.

황순원의 단편 소설 『소나기』는 도시를 벗어난 학교라면 비교적 작품 속에 등장하는 식물을 접할 기회가 많다. 따라서 야외 수업을 하면 가장 좋겠으나, 여건이 안 된다면 모둠별 과제로 소설에 나오는 소재들을 죄다 수집해 오라고 해 보자. 그러면 작품을

「살구꽃 핀 마을」 수업 풍경

「모란이 피기까지는」 수업과 야생화 수업 풍경

한 번 더 읽어 볼 수 있고, 수집하면서 계절과 식물을 연결하고, 친구들과도 친해지는 활동이 된다. 교사가 줄거리를 이야기하면서 그때그때 등장하는 가장 적절한 소재를 가져온 모둠이 이기는 놀이를 하면 교실은 아수라장이 되지만, 자신들이 그 소재의 적절성을 평가하기 때문에 교사는 팔짱 끼고 보기만 해도 된다. 마타리꽃이나 칡꽃, 도라지, 싸리꽃, 갈대, 메밀꽃, 수수를 제대로 가져온 모둠은 분명 집안의 어른들이 도와주었으리라. 조약돌을 가져온 모둠은 소녀가 소년을 향하여 '이 바보야!' 하며 던진 조약돌이 턱없이 커서 소년이 맞으면 죽을 수도 있다는 이유로 패배했다. 칡꽃만 가져온 모둠도 패배했는데 이유는 소녀가 칡꽃을 보고 동무들과 등나무 아래에서 놀던 때가 그립다며 무리하게 칡꽃을 꺾으려다가 칡덩굴에 그만 나동그라져서 다쳤기 때문에 그 질긴 덩굴까지 가져와야 한다는 것이다.

훌륭한 지적이라 이 대목에서 교사가 박수로 칭찬해 주는 정도의 개입은 무방할 것이다.

쥐바라숭꽃을 찾아서

한때 중학교 교과서에 나오는 윤흥길의 소설 「기억 속의 들꽃」에서 쥐바라숭꽃이 어떤 꽃인지 알기 위해 얼마나 애를 먹었는지 모른다. 6.25 전쟁 때 피란민 소녀 명선이가 만경강 근처 부서진 다리 위에서 놀다가 발견한 쥐바라숭꽃을 작품 속 화자는 '작고 노란 동전만 한 크기의 해바라기 모양을 한 들꽃'이라고 묘사하였다. 처음에는 당연히 민들레일 거라고 생각했으나, 만경강 부근에서는 생전 들어본 적도 없고 발음도 어려운 이런 이름으로 불리나 싶어 이상했다. 아무리 식물도감을 찾아보고 인터넷을 뒤져도 그런 꽃은 없었다.

결국 김민철의 『문학 속에 핀 꽃들』에서 해답을 얻었으니, 작품 속에서 이 꽃이 갖는 상징성이 중요하지 이름은 의미 없다며, 결론적으로 쥐바라숭꽃은 이 세상에 존재하지 않는 꽃이라는 것이다. 이후 누가 모르는 꽃을 물어보기라도 하면 "그건 쥐바라숭꽃이야."라고 답해 버리는 어처구니없는 버릇이 생겨 버렸다.

우리가 「낙엽을 태우면서」를 읽을 때

가을이 되면 시골의 논과 밭 여기저기서 낙엽이나 나무 토막을 끌어 모아 태우는 연기가 마치 봄날의 아지랑이처럼 피어오르는 모습을 쉽게 볼 수 있다. 이효석의 수필 「낙엽을 태우면서」가 절로 생각나는 계절이다.

벚나무 아래에 긁어모은 낙엽의 산더미를 모으고 불을 붙이면 속의 것부터 푸슥푸슥 타기 시작해서 가는 연기가 피어오르고, 바람이나 없는 날이면, 그 연기가 얇게 드리워서 어느덧 뜰 안에 가득히 담겨진다. 낙엽 타는 냄새 같이 좋은 것이 있을까. 갓 볶아 낸 커피의 냄새가 난다. 잘 익은 개암 냄새가 난다. 갈퀴를 손에 들고는 어느 때까지든지 연기 속에 우뚝 서서 타서 흩어지는 낙엽의 산더미

를 바라보며, 향기로운 냄새를 맡고 있노라면, 별안간 맹렬한 생활
의 의욕을 느끼게 된다.

연기라도 모두 같은 연기가 아니다. 낙엽이나 나무 타는 냄새,
바로 그 연기 냄새라야 한다.

이효석은 '갓 볶아 낸 커피의 냄새' 혹은 '잘 익은 개암 냄새'가
난다고 하였으나, 내게는 살고 싶다는 의욕이 마구 일어나고, 좋
은 사람이 되고 싶다는 생각이 들게 하는 행복한 냄새이다. 지나
간 시절 중 가장 행복하고 즐거웠던 기억만 떠오르게 하여 마음
이 절로 훈훈하고 관대해진다. 온갖 미움과 갈등도 다 사라지고,
온 누리에는 오직 화해와 평화만이 물결친다. 일제 강점기를 산
시대와는 어울리지도 않게 버터 냄새가 나는 이효석의 사치스러
운 정서에 눈을 흘기면서도 낙엽 냄새에서 맹렬한 생활의 의욕
을 느낀다는 대목에서는 시공을 초월한 연대감을 느낀다. 그래서
매년 11월을 그저 지나가는 법이 없다.

그 해도 11월이었다.

"얘들아, 내일 이야기 대회는 운동장에서 할 거니까 모두 체육
복으로 갈아입고 낙엽 위에 앉아 있어라. 그리고 각자 집에서 고
구마나 밤, 땅콩, 감 같은 것 들고 와서 먹으면서 이야기 듣자. 낙
엽 타는 냄새도 맡으면서 말이야. 응?"

그런데 도서실에서 내려다보니 아이들 몇이서 열심히 낙엽을
쓸어 모으는 게 아닌가. 옆에 있던 아이에게 이유를 묻자,

낙엽 냄새를 맡으며 이야기 대회를 열다

국화 더미에 널어놓은 체육복

"애들이요, 내일 낙엽 태워서 고구마, 밤 구워 먹으면서 이야기 대회 한다고 저렇게 낙엽을 쓸고 있어요."

이런, 내 말을 완전 짜깁기를 한 것이다. 청소도 잘 안 하는 놈들이 엉덩이를 높이 치켜들고는 빗자루로 힘껏 낙엽을 쓸고 있는 모습이 세상에 저렇게 귀여울 수가 있을까. 내일 어디서 이야기 대회를 할까. 음, 저 낙엽 위에 푹신하게 앉아서 세상에서 가장 자유롭고, 재미있게, 즐거운 시간을 보내야지. 앞으로 우울하거나 속상한 일이 있을 때면 저 낙엽을 열심히 쓸어 모으던 아이들 모습을 떠올릴 테다.

이튿날이 되었다. 어제 그 아이들은 낙엽 더미를 그저 모아 놓고 간 줄 알았더니 커다란 비닐 주머니에 낙엽을 가득 담아 와 테니스장 가장 안전한 곳에 와르르 쏟아 놓고는 운동장에서 주웠다는 라이터로 기어이 불을 붙인다. 다음 시간이 체육 시간이라 아예 체육복으로 갈아입고는 편안하게 땅에 주저앉아 좋아라고 소리치고 날뛴다. 각자 간식거리를 싸 와서 삶은 계란을 먹고, 홍시도 먹고, 내게도 먹으라며 고구마를 내민다. 그런데 옆자리 화단에 핀 노란 국화 더미 위에 옷이 널려 있다.

"아니, 누가 여기다 빨래를 널어놓았어?"

"아니에요, 국화 향기가 옷에 배라고 널어놓은 거예요."

어머나, 국화 향기가 배라고 꽃 위에 옷을 널어놓다니. 이 또한 깜찍하고 귀엽기 짝이 없다.

바야흐로 가운데에서는 낙엽이 타오르고, 구수하고 매큼한 연기 냄새를 맡아 가며 옛이야기, 겪은 이야기, 만든 이야기 등 아이들이 뽐내는 이야기 대회는 시작되고, 낙엽은 점점 재가 되어 간다….

그 후에도 11월이면 자주 교무실 문이 갑자기 벌컥 열리면서,

"명희 샘!" 하는 고함 소리에 순간 가슴이 덜컥 내려앉는다.

'앗, 내가 수업을 잊어버리고 안 들어갔나?'

한 녀석이 고개만 쏘옥 들이밀면서,

"샘, 밖에서 낙엽 태워요. 얼른 나와 보세요."

"뭐, 낙엽을 태운다고?"

부리나케 따라 나가 보면 운동장 어느 구석에선가 누군가 낙엽을 태우고 있다. 이런 날에는 또 어김없이 이효석의 「낙엽을 태우면서」를 읽는다. 그의 삶과 시대적 관계는 다른 날로 미루고 말이다.

나귀와 함께 메밀밭을 거닐다

나귀와 함께한
『메밀꽃 필 무렵』 수업

김유정의 소설 『동백꽃』 단원이 비록 2학기에 실려 있어도 동백 꽃(생강나무)이 피는 1학기, 그것도 3월 말~4월 초로 당겨서 수업을 해야 하는 것처럼 황순원의 『소나기』도 양산 같이 생긴 노란 마타리가 피고 도라지와 싸리꽃, 칡꽃이 피어 있는 8월 하순, 즉 여름 방학이 끝난 2학기 시작 무렵에 하는 것이 가장 좋다. 물론 이효석의 『메밀꽃 필 무렵』은 2학기, 그것도 9월 초에 해야 한다. 기왕이면 제 계절에 작품 속 공간적 배경을 몸소 체험한다면 문학 작품을 감상하고 즐기기에 그보다 더 좋을 수가 없기 때문이다.

작년에 도란이네 집에서 나귀를 키운다는 소문을 듣고 집까지 찾아가 보았다. 정말로 다리가 짧고, 말보다 더 작달막하고 귀여운 나귀가 있기에 부모님께 내년 가을에 꼭 학교에 데리고 와 달라고 부탁드렸다. 쾌히 승낙을 받은 뒤 올 가을, 9월 초 메밀꽃이 피는 시기에 맞추어 교과서에도 없는 『메밀꽃 필 무렵』을 읽히고 는 특별 수업을 하였다.

아침에 도란이와 동생 설메가 바쁜 아버지 대신에 집에서부터 학교까지 무려 한 시간을 걸어서 나귀를 몰고 왔다. 한 명은 고삐를 잡고, 한 명은 자전거를 타고 뒤에서 따라오고…. 이렇게 오누이가 번갈아 가며 나귀를 몰고 학교에 도착하자 전교생이 우루루 달려 나와 나귀를 둘러싸고는 만지고 쓰다듬고 난리가 났다. 바로 1교시가 시작되자 3학년을 데리고 미리 봐 둔 메밀꽃이 핀 동네로 나가니 그 풍경이 장관이다. 설메와 종간이가 번갈아 가며 고삐를 잡고 나머지 아이들은 주루룩 한 줄로 서서 걸어가는데…. 아, 달이 뜬 밤중에 산길을 걸어간다면 얼마나 더 멋질까! 아쉬운 마음이 들었다. 좁은 길을 지나 어느 마을로 들어서자 '우리 밭에 들어가도 좋다'는 농부 아저씨의 고마운 말씀에 안심하고 하얀 메밀밭으로 들어갔다. 그러고는 소설의 백미라고 할 수 있는 예의 그 구절을 다 같이 소리 높여 읽었다.

길은 지금 긴 산허리에 걸려 있다. 밤중을 지난 무렵인지 죽은 듯이 고요한 속에서 짐승 같은 달의 숨소리가 손에 잡힐 듯이 들리며, 콩 포기와 옥수수 잎새가 한층 달에 푸르게 젖었다. 산허리는 온통 메밀밭이어서 피기 시작한 꽃이 소금을 뿌린 듯이 흐뭇한 달빛에 숨이 막힐 지경이다. 붉은 대궁이 향기 같이 애잔하고 나귀들의 걸음도 시원하다.

아이들 공부에 한 몫을 한다는 즐거움 때문인가, 밭 주인은 아이들이 메밀밭을 아작 내는데도 괜찮다며 멀리서 흐뭇하게 바라본다. 시골 작은 학교 아이들은 작품 속 무대가 얼마나 낭만적이고 황홀한지 그 표현에는 아랑곳하지 않고, 크게 소리쳐 읽고는 내처 걸어 나온다.

허생원과 조선달, 동이의 순서로 길을 걷지만, 아이들은 그런 것보다 왼손잡이가 유전이 되는가 안 되는가에 대하여 말이 많다. 국어 시간이 자연 과학과 융합이 되는 순간이다. 결과적으로 유전이 안 된단다. 그럼 허생원이 동이가 왼손잡이인 것을 보면서 자기 아들일지도 모른다고 생각한거지? 그때는 잘 몰라서 그런 거 아니에요? 그리고 다른 데서도 나오잖아요. 아버지 얼굴도 모르고, 외가가 봉평이고, 엄마는 제천에 계시는데 곧 봉평으로 모시고 올 거라 하고…. 그러자 수진이가 한마디 했다.

"저는요, 두 번이나 읽었는데 뭔 소린지 하나도 모르겠어요."

그래, 중학교 3학년짜리가 이 소설이 뭔 소린지 안다면 그게 도리어 이상하지. 그저 배경이나 한번 느껴 봐라. 나중에 어느 삶의 모퉁이에서 이 날을 기억하는 순간이 있을 것이다. 기왕 나왔으니 나귀를 한번 타 보라고 하자 기세 좋게 올라타더니 나귀 등이 아프다고 곧 내려와 버린다.

나귀는 아이들이 하교할 때까지 운동장 귀퉁이에서 온종일 혼자 놀다가 다시 오누이와 함께 타박타박 집으로 한 시간을 걸어서 돌아갔다. 순한 얼굴로, 조금도 힘들지 않다는 표정으로 나

아이들은 나귀가 등이 아플까 봐 금방 내려 버린다

귀를 앞세우고 교문을 나서는 이 두 아이들이 내게는 소설보다
더 아련하고 애잔하다. 아이들보다 내가 더 즐겁고 따스했던 시
간이었기에 이 수업을 오래오래 못 잊을 것이다.

메밀꽃 가운데서 「메밀꽃 필 무렵」을 읽다

토요일 방과 후 활동,
'문학 사랑, 들꽃 사랑'

국어 시간에 교과서에 나오는 꽃이나 나무, 그리고 문학 작품 속에 나오는 식물들을 미리 조사하여 목록을 만들어 놓고 시기에 맞추어 운동장에 나가서 확인하는 야외 수업은 언제라도 할 수 있다. 그러나 학교를 벗어나야 만날 수 있는 식물들은 토요일 방과 후에 학교 예산으로, 그것도 4시간을 연거푸 사용할 수 있는 이 시간을 이용하면 금상첨화이다. 때로는 김밥이나 찐빵, 만두를 사 가지고 동네 산자락이나 풀밭에서 먹으니 아이들에게는 두 배로 즐거움을 주는 좋은 일이다.

문학 속 등장인물과 닮은 들꽃들

이금이의 장편 동화 『너도 하늘말나리야』는 자연과 식물에 대하여 관심을 가지게 하는 동화이다. 다 읽고 나면, 아니 읽는 중

『동백꽃』에 나오는 동백꽃은 생강나무꽃이구나. 그런데 너무 쓰다, 써!

차시	문학 속에 핀 꽃들	날짜
1-4	• 「진달래꽃」(김소월): 진달래 • 「동백꽃」(김유정): 생강나무, 산수유 • 「살구꽃 핀 마을」(이호우): 살구꽃 • 「강아지똥」(권정생), 「옥상의 민들레꽃」(박완서): 민들레	4월
5-8	• 「둑방길」(유재영): 조팝나무꽃 • 「모란이 피기까지는」(김영랑): 모란 • 「꽃은 흩어지고 그리움은 모이고」(이해인): 들꽃들	5월
9-12	• 「너도 하늘말나리야」(이금이): 엉겅퀴, 달맞이꽃, 상사화, 괭이밥, 개망초, 달개비, 질경이, 명아주, 까마중, 메꽃, 찔레꽃, 싸리꽃	6월
13-16	• 「소나기」(황순원): 마타리꽃, 칡꽃, 도라지, 들국화(벌개미취, 쑥부쟁이, 구절초), 갈대, 억새, 수수, 호두나무	7~8월
단체	• 「나무를 심는 사람」(장 지오노): 자작나무, 참나무(떡갈나무), 밤나무, 너도밤나무, 단풍나무, 칠엽수, 낙우송, 메타세쿼이아, 장미, 아네모네 • 경북 내연산 수목원, 기청산 식물원 견학	
17-20	• 「메밀꽃 필 무렵」(이효석): 메밀꽃 • 「아우를 위하여」(황석영): 까마중 • '식물 시' 시화 전시회 개최	9월

에라도 느티나무나 측백나무, 제비꽃, 개망초, 하얀 토끼풀, 노란 달맞이꽃, 엉겅퀴, 지칭개가 어떻게 생겼는지 당장 나가서 보고 싶을 정도로 꽃과 나무가 많이 나온다. 그것도 등장인물의 성격과 닮은 꽃을 연결 지을 때면 못 견디게 확인하고 싶어 진다.

이혼한 엄마를 미워하여 모든 게 싫고 마땅찮아서 심통을 부리는 미르에게 속 깊은 친구들이 이해하며 다가온다. 그러나 부모님이 안 게시고 할머니와 둘이 사는 소희, 엄마가 죽고 아빠와 사는 바우 역시 슬프고 외로운 아이들이다. 그 중에서도 바우는 엄마의 죽음으로 충격을 받아 말을 잊은 대신 세심한 관찰력으로 주변 사람들을 꽃에 비유하며 그림으로 고독과 그리움을 표현한다. 미르를 가리켜 겉은 사납지만 속은 부드러운 '엉겅퀴'에 비유하고, 엄마는 주변을 밝혀 주는 '달맞이꽃'에, 소희는 언제나 하늘을 바라보며 굳건하게 살아가는 '하늘말나리'에 비유한다. 만날 수 없는 엄마의 무덤을 찾아가는 아버지는 '상사화'에 빗댄다.

준용이가 엉겅퀴를 관찰하며 감상을 쓰는 걸 넌지시 내려다보니, '명희 선생님도 사나운 엉겅퀴 같다. 단, 먹을 것을 주실 때만 부드럽고 착하다. 도덕 선생님은 향기로운 초콜렛 향기가 나는 지칭개와 같다.'라고 썼다.

장 지오노의 소설 『나무를 심은 사람』은 수업 중에 읽으면서 노인이 심은 나무들을 독서 공책에 열거하고 애니메이션까지 감상하였다. 황무지를 아름답고 기름진 숲으로 만든 노인의 평생 작업인 나무 심기가 어떻게 가능한지, 그 나무들은 어떻게 생겼는지 직접 확인하기 위하여 교직원과 전교생이 경북 도립 수목원과 기청산 식물원으로 현장 체험을 갔다. '문학 사랑, 들꽃 사랑' 수업을 확대한 것이다. 이때 아이들은 공책을 들고 그 나무들을 하나씩 확인하는 활동을 했다. 이 경험은 이후 산림 과학 고등학교에 진학하겠다는 희망자가 생길 정도로 의미 있는 성과를 올렸다.

1년 동안 아이들에게 넓은 마당과 쉼터를 제공해 준 네팔 할머니

네팔 할머니와 함께한 들꽃 공부

1년 동안 했던 활동 중에서 산동네 오두막집에 홀로 사시는 네팔 할머니를 만나 그 집 마당과 뜨락에서 들꽃 수업을 한 행운은 빼놓을 수 없는 즐거움과 추억으로 남을 것이다.

아이들에게 '네팔 할머니'로 불리는 이 분은 82세의 노령으로, 네팔과 네팔 어린이들을 사랑하시는 평화주의자이며 생태주의자이시다. 아이들이 올 무렵에는 멀리서부터 사랑한다며 두 손을 위로 올려 하트를 쏘아 보내신다.

"어서 오이라. 꽃 많이 피었으이께 마이 보고 재밌게 놀거라잉."

꽃을 그리느라 마당을 마구 짓밟아 대는 아이들을 내내 웃음 지으며 지켜 보시는 할머니를 아이들도 무척이나 따랐다. 할머니가 아들과 함께 두 번째도 네팔을 가실 때에는 네팔 어린이들에게 주라며 편지와 함께 갖가지 선물을 싸 보내기도 했다. 시골 학교라고 모두 이렇듯이 동네 주민과 하나가 되어 자연 친화적이면서도 아름답고 사랑스러운 관계를 만들어 나가기란 쉽지 않을 것이다.

살아있는 식물도감
'문학사랑, 들꽃사랑' 수업을 마치고

중 1 최채원

무엇을 하는지도 모르고 그냥 따라간 첫 수업

학교가 아닌 밖에서 토요일 방과 후 수업을 하는 것은 처음이여서 얼떨떨하였다. 면사무소에 모여서 네팔 할머니 댁에 갔다. 네팔 할머니가 누군지 모르고 학교가 아닌 밖에서 한다는 즐거움에 아무 생각 없이 따라갔다. 처음에는 민들레를 배웠는데 민들레는 알고 있어서 따분하였다. 그런데 토종 민들레인 하얀색 민들레가 있어 놀라웠다.

민들레를 배우면서 외할머니와 함께 민들레 줄기로 피리 만들었던 생각이 났다. 민들레를 피리로 만들어서 불었는데 신기하게도 소리가 났다. 민들레의 꽃을 따고 뿌리를 제거한 후에 불면 피리처럼 소리가 난다. 하지만 나는 잘 안 났다. 외할머니께서는 많이 하셔서 그런지 소리가 잘 났었다. 명희 선생님은 이 사실을 아실까? 민들레를 독서 공책에 그리고, 자세히 설명을 쓴 후에 끝이 났다. 처음으로 '문학 사랑, 들꽃 사랑' 반을 해 보았는데 재미있었고, 밖에서 한 수업이여서 특별했다.

미르를 닮은 엉겅퀴

두 번째로 『너도 하늘말라리야』에 나오는 '미르'를 닮은 엉겅퀴에 대해 배웠다. '바우'가 '미르'를 엉겅퀴를 닮았다고 했다. 겉은 사납지만, 속은 부드럽다는 뜻이다. 처음에는 겉이 사납다는 것은 이해했지만, 속이 부드럽다는 건 이해하지 못했다. 엉겅퀴는 가시가 있어서 사납게만 보았는데 어디가 부드럽다는 걸까? 그런데 꽃을 만져 보니 보들보들하였다. 그래서 속이 부드럽다고 한 것이구나. 이해가 됐다. 다음으로 엉겅퀴를 닮은 지칭개를 배웠다. 꽃은 닮았지만, 잎은 닮지 않았다. 엉겅퀴는 가시가 있지만, 지칭개는 가시가 없다. 그리고 지칭개는 향기가 초콜릿처럼 달콤하여 기분이 저절로 좋아졌다. 선배들이 수진이와 명희 선생님도 엉겅퀴를 닮았다고 하였다.

풀을 지팡이로 쓴다고?

다음 수업에는 개망초, 자주달개비, 명아주, 꿀풀을 배웠다. 개망초는 작은 계란 후라이처럼 생겼다. 간식을 개망초 밭에서 먹었는데, 주변에 마치 작은 계란 후라이들이 떠다니는 것 같았다.

그런데 진짜 놀라운 사실 하나를 알게 되었다. 우리 집 수박 밭에 많이 나서 짜증나고 얄미웠던 명아주가 지팡이로도 쓰인다고 하였다. 명아주는 가벼워서 노인들이 지팡이로 쓰기에 좋다니, 이 사실을 좀 더 빨리 알았더라면 외할머니가 돌아기시기 전

들꽃 그리기 수업

에 지팡이를 만들어 드릴 걸 하는 생각이 들었다. 외할머니께선 무거운 플라스틱 지팡이를 가지고 계셨다. 왜 외할머니께서 돌아가신 뒤에서야 이런 사실을 알게 되었는지 후회가 되고 안타까웠다.

네팔로 떠난 할머니

네팔 할머니께서 네팔 어린이들을 보러 네팔로 떠나셨다. 할머니께선 네팔을 엄청 좋아하시나 보다. 만약 네팔에서 죽으면 화장을 해서 네팔에 뿌려 달라고 하셨단다. 네팔 어린이들을 보진 못했지만, 네팔 할머니께서 그렇게 좋아하시는 것을 보니 네팔 어린이들은 좋은 아이들 같다. 네팔 어린이들이 우리가 준비한 선물들을 잘 쓰고 있는지 엄청 궁금하다. 할머니께서 11월 달에 돌아오신다고 했는데, 건강하게 오셔서 네팔 이야기를 들려 주시면 좋겠다.

전교생이 식물원으로

우리는 7월 달에 식물원과 수목원으로 현장 체험 학습을 다녀왔다. 이 때는 첫사랑의 아주 쓴맛을 보았다. 선생님께서 라일락이 첫사랑 맛이라고 하셔서 아무 생각 없이 먹었다. 첫사랑이라 달달할 줄 알았는데 맛이 없고 엄청 썼다.

이런 첫사랑 맛을 우리만 맛보기 아까워서 성환이 오빠와 종간이 오빠, 수진이 언니, 준엽이 오빠 등 많은 사람들에게 첫사랑의 맛을 느끼게 해 주었다. 오빠들과 언니들의 표정은 정말 웃겼다. 역시 같이 놀다 보니 선배들과 친해지는 것 같다. 빨리 선배들 졸업하기 전에 좀 더 선배들과 친해지고 싶다. 특히 내년이면 떠나갈 3학년 선배들, 우리 더 친해져요~.

문학 작품 속에 핀
꽃과 나무

동백꽃 — 김유정 · 생강나무꽃

둑방길 — 유재영 · 조팝나무꽃

강아지똥 — 권정생 · 민들레

소나기 — 황순원 · 마타리꽃

도라지

등꽃

칡꽃

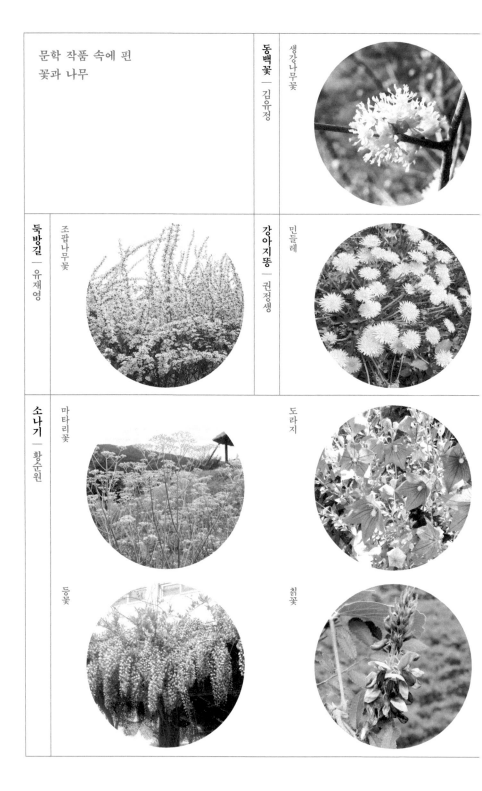

너도 하늘말나리야 — 이금이

하늘말나리

엉겅퀴

달맞이꽃

상사화

괭이밥

개망초

아우를 위하여 — 황석영

까마중

모란이 피기까지는 — 김영랑

모란

책상 위의 생강나무꽃

8장
·

삶이
녹아나는 평가

배운 것 그대로 평가한다,
지필 평가

평가를 선다형(객관식)으로 하는 것은 학생뿐만 아니라 출제하는 교사에게도 고통스럽기는 매한가지다. 교육계에서 선다형 문제가 사라지는 날을 꿈꾸며, 한편에서는 될 수 있으면 바탕글을 학생과 주변 글에서 가져오도록 해 보자. 평가 역시 최소한 우리 삶 속에서 이루어지도록 해 보자는 것이다. 일상에서 사진을 찍어 오거나 자료를 가져와 수업 시간에 활동한 대로 평가하는 것이 '앎'과 '삶'이 하나 되게 하는 교육 철학을 일관되게 펼칠 수 있는 길일 것이다.

아래 문제와 바탕글은 우리 아이들의 상황과 처지에 맞게 재구성하여 출제한 것이다. 따라서 정답은 제시하지 않았다.

| 문제 | 다음은 학생과 교사가 쓴 글이다. 잘 읽고 물음에 답하시오.

(가) 앵두꽃은 희면서도 살짝 분홍빛 같다. 복숭아 색깔 같기도 하다. 복숭아꽃이랑 모양도 비슷하게 생겼는데, 복숭아꽃이나 앵두꽃은 둘 다 향기가 없어서 나는 그다지 큰 매력을 못 느낀다. 게다가 꽃이 피는 기간이 너무 짧아서 자칫 미루다가는 1년을 기다려야만 꽃을 볼 수 있어서 그 점이 나는 싫다.

– 중 1 박수빈

(나) 나는 영어가 싫다. 내가 너무 공부 못한다는 것을 깨우쳐 주는 것 같다. 수학 또한 너무 머리 아프고 계산하기 싫어지는 과목이라 싫다. 학교도 요즘 늦게 마쳐서 슬프다. 언제나 나를 언제나 슬프게 하는 것은 바로 공부이다. 끝없이 해야 하지만, 하면 할수록 공부는 나를 힘들고 슬프게 한다. 나는 공부로 사람 등수를 매기는 학교가 싫다. 아, 다 치우고 자유롭게 훌훌 떠나고 싶다.

– 중 1 이경선

(다) 나를 기쁘게 하는 것들은 여러 가지가 있다. 제일 먼저 학교에 가는 것이다. 갑갑한 집에서 나와 학교로 가면 내 마음대로 할 수 있고, 더운 데 있다가 나가면 바람이 내 몸을 시원하게 해 주기 때문이다. 그리고 음식 먹는 것도 기쁘다. 기분이 꿀꿀할 때나 짜증 날 때 음식을 먹으면 마음이 편안해지고 화가 가라앉으면서 기분이 좋아진다.

– 중 1 김예원

(라) 걸어 다니지 않는 사람에게는 보이지 않는 들꽃. 이것은 땅에 완전히 엎드리지 않으면 그 냄새를 맡을 수가 없다. 오래 전 시골 학교에 근무할 때 학생들을 데리고 야외 수업을 하면서 풀꽃들을 하나하나 관찰하며 그림을 그리고, 그 특징과 모양을 묘사하는 글쓰기를 하였다.

아이들은 손에 국어 공책을 들고서 화단과 담장 밑을 열심히 돌아다니면서 그림을 그리는데, 그 중 남학생들 중 몇 명은 '이런 걸 뭐 하러….' 하며 중얼거리기에 냅다 소리를 질렀다.

"시끄러! 너희들은 이렇게 시골 지식이 없으면서 시골 산다고 할 수 있어?"

그 때 은미가 손끝에 꽃을 들고 달려왔다.

"선생님, 이 제비꽃 향기 좀 맡아 봐요."

그러면서 한 개를 부러뜨려서는 내 코에 갖다 대 주었다. 아~, 은은한 이 향내!

그 순간 내가 속으로 내지른 말은, '제비꽃아, 미안하다. 내 너를 몰라봤구나!'

– 김명희, 「꽃 향기의 충격」 중에서

(마) 3~4주에 걸쳐 '말의 묘미' 단원을 공부했다. 속이 후련했다. 왜냐하면 내가 몰랐던 것을 알 수 있는 단원이었고, 여러 가지 재미있는 말들을 알 수 있어서 좋았다. 한편으로는 이제 막 재미있어지려고 하는데 끝나 버리니 조금 아쉽고 서운한 마음이 들었다. 이 단원에서 나는 재미있는 말, 관용어의 쓰임을 알았고, 말소리는 같은데 뜻은 3~4가지 정도 되는 것도 배웠다. 가장 재미있었던 것은 패러디였다. 그리고 노랫말이 건강하고 희망적이라고 선생님께서 소개해 주신 「꿈이 더 필요한 세상 1&2」 노래를 부르면서 깜찍한 율동을 배운 것이 가장 기억에 남는다.

– 중 1 남영빈

1. 위 글에서 내용을 정확하게 이해한 사람은?

① 일순이: (가)를 쓴 사람은 앵두꽃에 대하여 사실만 말했다.

② 이순이: (나)를 쓴 사람을 슬프게 하는 것은 영어 공부다.

③ 삼순이: (다)에서 말하는 '여러 가지'는 네 가지이다.

④ 사순이: (라)를 쓴 사람의 직업은 교사임에 분명하다.

⑤ 오순이: (마)를 쓴 사람은 중학교 공부가 재미있다고 한다.

2. 위 글에서 내용의 흐름상 〈보기〉의 노래를 들려주었을 때 가장
공감하기 쉬운 사람의 글은?

〈보기〉

아주 멀리까지 가 보고 싶어	끝없이 이어진 길을 천천히 걸어가네
그곳에서 누구를 만날 수가 있을지	멍하니 앉아서 쉬기도 하고
아주 높이까지 오르고 싶어	가끔 길을 잃어도 서두르지 않는 법
얼마나 더 먼 곳을 바라볼 수 있을지	언젠가는 나도 알게 되겠지
작은 물병 하나 먼지 낀 카메라	이 길이 곧 나에게 가르쳐 줄 테니까
때 묻은 지도 가방 안에 넣고서	촉촉한 땅바닥 앞서 간 발자국
언덕을 넘어 숲길을 헤치고	처음 보는 하늘 그래도 낯익은 길
가벼운 발걸음 닿는 대로	– 김동률, 「출발」 중에서

① (가)   ② (나)   ③ (다)   ④ (라)   ⑤ (마)

| 문제 | 아래 글에서 글쓴이가 ⓐ, ⓑ의 상황에 이른 공통된 이유로 가장 적합한 것은?

나는 고등학교로 진학한 영민이가 작년 스승의 날에 보내 온 편지의 한 구절을 잊지 못한다. 늘 입버릇처럼 나뭇잎 타는 냄새를 맡으면 기분이 좋아지고 삶의 의욕이 넘친다는 말을 하던 나를 위해 영민이는 이런 편지를 써 주었다.

'며칠 전에는 교실에서 운동장을 내려다보고 있다가 저기 있는 낙엽을 쓸어 모아서 우리 학교 운동장에 갖다 놓고 태울까 하고 애들이랑 생각한 적이 있습니다.'

어느 편지가 이토록 아름답고 사랑스러울 수가 있을까. **ⓐ 나는 눈에 눈물이 고이면서 행복한 전율감에 떨었다.**

낙엽 타는 냄새와 관련해서는 또 하나의 행복했던 경험을 빠뜨릴 수가 없다. 그날따라 하루 종일 들어가는 반마다 속상한 일이 많아서 우리 반에 종례하러 들어가서도 기분이 안 좋았다. 게다가 내 마음은 아랑곳하지도 않고 떠들고 있는 아이들을 향해 간신히 참으며 말했다.

"얘들아, 내가 오늘 하루 종일 화가 많이 났다. 그러니까 너희들이 나를 좀 기분 좋게 해 주라."

순간 교실에 잠시 적막감이 흐르더니 정상이란 놈이 불쑥 이렇게 말했다.

"산에 불을 지른다."

"으응? 산에 불은 왜?"

"그러면 선생님이 며칠 동안 나무 타는 냄새 맡을 수 있잖아요."

이 말에 **ⓑ 나는 눈물을 흘리면서 적어도 5분간은 웃었을 거다.** 그리곤 언제 속상했더냐 하며 평상으로 돌아가 종례를 온전히 끝낼 수 있었다.

① 아이들이 웃겨서

② 아이들이 내 말을 잘 들어 주어서

③ 아이들이 스승의 날에 편지를 해 주어서

④ 아이들이 나를 기쁘게 해 주려는 마음이 고마워서

⑤ 아이들이 낙엽 타는 연기 냄새를 좋아한다는 내 말을 기억해 주
어서

| 문제 | 다음 ①~⑤ 접속 부사 중 앞뒤 내용과 어울리지 않는 것은?

나는 항상 대추나무만 보면 외할머니가 떠오른다. ① **왜냐하면** 외할머니의 집 앞 마당에는 커다란 대추나무가 있기 때문이다. 매년 굵은 대추가 가득 열리기 때문에 온 가족이 모두 그 대추나무를 좋아했다. 나는 어릴 때부터 편식이 심해서 대추를 먹지 않았는데, 그런 나를 위해 외할머니는 약밥을 만들 때도 대추를 잘게 갈아서 넣어 주셨다. ② **그리고** 수정과에도 대추를 아주 얇게 썰어서 잣과 같이 동동 띄워서 대추를 조금이나마 더 먹을 수 있도록 정성을 쏟아 주셨다. ③ **그러므로** 초등학교에 들어갈 때부터는 대추를 아주 즐겨 먹기 시작하였다. 초록색의 굵은 대추는 먹다 보면 단맛도 느껴지고, ④ **또** 아오이 사과를 먹는 듯한 느낌까지 든다. ⑤ **그래서** 이제 대추는 내가 가장 좋아하는 과일 중의 하나가 되었다.

– 3학년 김민지의 독서 공책에서

| 문제 | 다음 두 사진이 공통적으로 보여주는 점과 가장 관련 있는 언어의 특성은 무엇인가?

① 언어의 사회성   ② 언어의 역사성   ③ 언어의 규칙성

④ 언어의 기호성   ⑤ 언어의 자의성

| 문제 | 얼마 전 김유정의 단편 소설 「동백꽃」의 무대인 춘천 문학 기행에서 본 '동백꽃'은 실제로 어느 것을 가리키는가?*

* 실제 평가 때는 원색 사진을 사용하였다.

| 문제 | 우리 학교 2학년 김태훈이 아버지와 주고받는 대화를 보고 물음에 답하시오.

태훈: 다녀왔습니다.

아버지: 왜 이렇게 늦었니?

태훈: 저, 그게….

아버지: 기타를 치는 것은 안 된다고 했다.

태훈: ….

아버지: 지금은 공부를 할 때지, 기타 칠 때가 아니야.

태훈: 저에게는 기타 치는 것이 공부라고 생각해요.

아버지: 아니, 저 녀석이…!

1. 두 사람의 대화에서 가장 두드러진 차이는 무엇인가?

① 성격　　　　② 가치관　　　　③ 관심사

④ 지식 수준　　⑤ 신체적 조건

2 대화 이후 아버지와 '태훈이'의 관계를 예측해 볼 때 가장 적절한 것은?

① 대화하기가 더욱 쉽고 편해졌을 것이다.

② 거리감이 생기고 관계가 서먹서먹해졌을 것이다.

③ 간섭도 구속도 없이 서로 개인주의로 살아갈 것이다.

④ 서로의 솔직한 속마음을 알게 되어 친밀해졌을 것이다.

⑤ 일시적으로 갈등이 해소되었으나 더 큰 갈등으로 갈 것이다.

3. 원활한 대화를 위해 두 사람에게 해 줄 가장 적절한 사랑의 해결 사는?

① 명희: 태훈아, 네 마음을 정확하게 전달해라.

② 수지: 태훈아, 직설적으로 말하기보다 돌려서 말해라.

③ 순우: 아버님, 현실 가능성이 있는 대안을 제시하시지요.

④ 은혜: 두 분 다 상황에 대한 객관적인 태도를 지니세요.

⑤ 성란: 두 분 다 상대방의 입장을 더 이해하고 배려하세요.

| 문제 | 다음은 지난번 함께 본 우체부와 시인의 아름다운 만남을 그린 이탈리아 영화『일 포스티노(Il Postino)』에 나온 대화이다. (   ) 안에 들어갈 용어를 보기에서 찾아 쓰시오.

> 우체부: (   )이/가 뭐예요?
>
> 시 인: '하늘이 운다.'는 어떤 상황에서 쓰는 말이지?
>
> 우체부: 비가 온다….
>
> 시 인: 그래, 이처럼 말하고자 하는 것을 이미 알고 있는 다른 사물의 모습에 빗대어 표현하는 것을 말하는 거야.
>
> 시 인: (멋진 시 한 편을 들려주면서) 느낌이 어때?
>
> 우체부: 이상한데요.
>
> 시 인: 참 무서운 비평가시군.
>
> 우체부: 그게 아니라, 선생님의 목소리가 이상해요. 바다처럼 단어가 왔다갔다 하고 멀미까지 느꼈어요. 마치 배가 단어들로 이리저리 튕기는 느낌이에요.
>
> 시인: (웃으며) 그게 바로 (   )(이)라는 거지.

① 주제   ② 비유   ③ 심상   ④ 은유   ⑤ 운율

| 문제 | 다음 문장의 밑줄 친 낱말 '있다'를 다른 동일한 의미를 가진 낱말을 사용하여 전체의 뜻이 동일한 문장으로 바꾸시오.

> 어이구, 저 녀석은 대낮부터 자빠져 자고 <u>있다.</u>

(있다) → (   )

| 문제 | 다음 두 글은 각각 교사와 학생이 쓴 글이다. 잘 읽고 물음에 답하시오.

(가) 오늘도 기수와 승화, 인철이는 교과서의 소설 「소나기」를 공책에 옮겨 적어 오라는 내 말을 어기고 어느새 도망가고 오지 않았다. 이러기를 벌써 일주일도 넘었다. 한글이 서툴러서 어떻게든 연습을 시켜 보고자 하여도 자신이 한 말을 스스로 지키지 않는 태도에 나는 어찌해야 할지 속상해 죽을 지경이다.

  오늘 아침에는 미연이가 말을 함부로 한다고 하여 무용 선생님께 불려 와서 교무실에서 꾸중을 듣고 있지 않은가. 미연이는 국어 시간에 재치 넘치고 풍부한 이해력과 분명한 판단력을 보여 주어서 나는 싫지 않은데. 그러나 역시 그 신중하지 못한 말버릇이 문제가 되니 참으로 근심스럽다. 우울한 퇴근길에 속도위반으로 교통경찰에게 또 걸렸으니, 오늘은 이래저래 기분이 안 좋은 날이다.

- 「교사의 교단 일기」에서

(나) ㉠ 오늘 오빠가 왔다. ㉡ 안동 고모 집에서 고등학교를 다니다가 주말이라고 해

서 다니러 왔다. 나는 너무나 즐거웠다. ⓒ 엄마는 오빠가 왔다고 잡채랑 닭고기를 해 주었다. 나는 엄마가 싫었다. 오빠가 없을 때는 김치, 된장이랑 먹던 우리 밥상을 상다리가 부러지도록 차렸다. 내가 만약 어디서 학교를 다니다가 주말이라서 집에 와도 상다리 부러지게 상을 차려 줄 건지 엄마에게 물었다. 엄마는 말했다. ⓔ "그냥 먹던 대로 차리지 뭐."라고. ⓜ 내가 남자로 태어났다 해도 엄마가 그랬을까? 아마 그러지 않았을 것이다. 오빠가 미웠다. – 중 2 독서 공책에서

1. (가)의 내용으로 미루어 보아 선생님의 마음 상황을 한 단어로 나타내었을 때 가장 적절한 것은? (국어사전 활용)

① 금상첨화(錦上添花)   ② 이심전심(以心傳心)   ③ 인과응보(因果應報)

④ 설상가상(雪上加霜)   ⑤ 진퇴유곡(進退維谷)

2. (나)에서 글쓴이로 하여금 '오빠가 미웠다'라는 마음이 들게 한 직접적인 이유는?

① ㉠   ② ㉡   ③ ㉢   ④ ㉣   ⑤ ㉤

3. 윤동주의 「서시」 중 '죽는 날까지 하늘을 우러러 한 점 부끄럼이 없기를 잎새에 이는 바람에도 나는 괴로워했다'에서 '나'가 「시집가는 날」의 '맹 진사'를 비판한다면 가장 적합한 말은?

① 예수를 믿으시오.

② 혼자서 끙끙댄다고 안 될 일이 되는 건 아닐세.

③ 남의 허물을 떠벌려서 결혼을 망쳐 놓으면 되겠는가?

④ 자신의 이익을 위해서 남의 희생을 강요해서는 안 되오.

⑤ 남의 잘못을 지적하기 전에 자신의 허물을 먼저 살피시오.

4. 신동엽의 시 「봄은」에서, 화자가 말하고자 하는 바를 '6.15 남북 공동 선언문' 5개 항목에서 찾는다면 가장 가까운 것은?

① 남과 북은 나라의 통일 문제를 그 주인인 우리 민족끼리 서로 힘을 합쳐 자주적으로 해결해 나가기로 하였다.

② 남과 북은 나라의 통일을 위한 남측의 연합제 안과 북측의 낮은 단계의 연방제 안이 서로 공통성이 있다고 인정하고 앞으로 이 방향에서 통일을 지향해 나가기로 하였다.

③ 남과 북은 올해 8·15에 즈음하여 흩어진 가족, 친척 방문단을 교환하며, 비전향 장기수 문제를 해결하는 등 인도적 문제를 조속히 풀어 나가기로 하였다.

④ 남과 북은 경제 협력을 통하여 민족 경제를 균형적으로 발전시키고, 사회, 문화, 체육, 보건, 환경 등 제반 분야의 협력과 교류를 활성화하여 서로의 신뢰를 다져 나가기로 하였다.

⑤ 남과 북은 이상과 같은 합의 사항을 조속히 실천에 옮기기 위하여 빠른 시일 안에 당국 사이의 대화를 개최하기로 하였다.

| 문제 | 다음 급훈 중 성적과 입신출세를 중시하는 시대적, 사회적 상황을 보여 주는 것과 가장 거리가 먼 것은?

① 칠판을 원빈처럼 교과서를 강동원처럼

② 나도 쓸모가 있을걸

③ 대학 가서 미팅할래, 공장 가서 미싱할래?

④ 오늘 흘린 침은 내일 흘릴 눈물

⑤ 자는 색히 때려잡고 떠드는 색히 재워 버려!

| 문제 | '여러 사람의 전기를 차례로 벌여 기록한 책'을 '열전(列傳)'이라 하고, 비평을 포함한 개인의 일생을 쓴 책을 '평전(評傳)'이라고 한다. 우리 학교 도서관에 있는 열전과 평전을 각각 한 권씩 들어 보시오.

열전: (   ) 평전: (   )

| 문제 | 아래 글 (가)는 2학년 수진이의 인상에 대하여 친구들이 써 준 댓글이고, (나)는 수진이가 쓴 소감이다. (나)의 수진이와 (다)의 『빨강머리 앤』의 사고방식에 닮은 점이 있다면 ㉠~㉤ 중 가장 적절한 것은?

(가) 준엽: 목소리가 크고, 먹는 것도 좋아하고, 웃기도 잘하고, 공부도 잘한다.

성호: 소리를 지르고, 웃을 상황이 아닌데도 웃어서 이상한 아이 같다.

성환: 소리를 지르고, 밥을 많이 먹고, 잘 웃는다.

도란: 통통하고 귀엽다, 활발하고 잘 먹는다. 잘 웃는다. 소리가 크다.

다인: 목소리가 크고 활발하다. 욕도 가끔 한다.

효태: 소리가 너무 커서 시끄럽고, 매일 밥을 늦게까지 많이 먹는다.

(나) ⊙ 애들이 나를 이렇게 생각하는지 몰랐다. ⓒ 앞으로 분위기 파악을 좀 해야겠다. ⓒ 그리고 소리를 좀 줄여야겠다. ⓔ 대부분이 밥을 잘 먹는다고 했다. ⓜ 좋은 소리로 받아들이고, 앞으로도 계속 활발하게 지낼 것이다. 친구들아, 고맙다.

(다) 생각대로 되지 않는다는 건 정말 멋진 것 같아요. 생각지도 못했던 일이 일어난다는 거니까요. -『빨간 머리 앤』 중에서

① ⊙   ② ⓒ   ③ ⓒ   ④ ⓔ   ⑤ ⓜ

| 문제 | 평소에 즐겨 사용하는 속담이나 격언들은 무의식중에 우리의 사고와 행동을 지배한다. 어느 회사에서는 다음과 같은 말들을 사용하지 않는 운동을 벌이고 있다고 한다. 이에 동의하는 것을 한 가지 골라 쓰되, 이유를 함께 서술하시오. 동의하는 것이 없으면 그 또한 이유를 서술하시오.

① 아는 게 병이고, 모르는 것이 약이다.

② 거꾸로 가도 서울만 가면 된다.

③ 모난 돌이 정 맞는다.

④ 올라가지 못할 나무는 쳐다보지도 마라.

⑤ 산 입에 거미줄 치랴.

⑥ 침묵이 금이다.

⑦ 돌다리도 두드리며 건너라.

- 선택: (   )
- 이유: (   )

| 문제 | 우리는 얼마 전 문학의 향기가 넘치는 영양으로 문학 기행을 다녀왔다. 조지훈 시인의 집안은 대대로 세 가지를 빌리지 않는다고 하였는데, 그 세 가지, 즉 '삼불차(借)'란 무엇인지 다음 (   )에 쓰시오.

(   ), (   ), (   )

| 문제 | 다음은 경상북도의 각 지역 방언이다. 주로 지역 차이가 나는 것이 무엇인지, 문법적 용어로 (   )에 답하시오.

경주: 아름이가 학교 갔는교? 아픈데 고마 집에서 쉬라고 하지 뭐하러 학교는 보냈는교?

안동: 그게 감자가 아니고 고구마시더. 아이고, 우째 촌에 산다문서 그런 거도 모르니껴?

청도: 어떤 총각이 혼자서 살고 있었심더. 만날천날 신세만 한탄하민서 시월을 보냈심더.

김천: 우리 내일 이사가여. 여기서는 암만 농사 지도 밥도 굶는데여. 난 안 가고 싶어여.

(   )

| 문제 | 기형도의 시 「엄마 걱정」과 관련, 시의 화자를 위로 혹은 격려하는 문자 메시지를 20자 이내로 쓰시오.

(단, 감정 기호(이모티콘)는 글자 수에서 제외)

아이들의 생활이 녹아든
수행 평가

　국어 시간에 이루어지는 모든 활동은 실기요, 수행이므로 수행 평가는 매일 이루어지는 게 마땅하다. 따라서 아이들로부터 "이 거 수행 평가에 들어가요?"라는 질문이 나와서는 아니 될 것이 다. 온갖 표현 활동이나 문법적 지식도 결국 삶 속에서 결과와 결 실이 드러나야 하므로 수행 평가 자체를 의식하지 않는 것이 가 장 바람직한 수업이 아닐까. 그러나 이 경우 교사와 호흡을 맞추 어 충실히 학습한 학생이라면 교사의 가치관과 초점에 맞추어 과제 수행을 할 수밖에 없다는 한계가 있다. 이를테면 독서 활동 에 관하여 다음과 같이 과제를 제시하고 어떠한 과정을 통하여 어떠한 결론에 도달하는지 지켜본다. 여기서 교사는 어디까지 가 개입할 수 있을까. 과정에는 만족하되, 결론이 교사의 가치관을 벗어날 때 어떻게 할지에 대해서는 아직도 숙제임을 고백한다.

| 문제 | 학년별로 공동 과제 외 개별 과제로 책을 한 권씩 선정해 주고, 독서 공책에 내용 소개와 함께 보조 자료를 제시하며 감상문을 쓰는 것은 물론, 개학 후 일주일에 걸쳐 감상 발표를 한다.

가. 협동 과제: 2인 1조로 문학의 현장 다녀오기
- 권정생, 이육사 중 한 명을 선택하여 작품의 무대를 둘러보고 글 사이사이에 사진을 첨부하여 4~5쪽 정도로 보고서를 쓰시오.
- 관련 작품이나 평전을 읽고 가거나, 김명희의 문학 기행집 『낯선 익숙함을 찾아서』 중 '권정생'과 '이육사' 편을 참고할 것

나. 개별 과제: 5~10쪽 분량
1. 강다인: 『유진과 유진』(이금이)을 읽고, 성폭력 경험을 가진 두 유진의 삶을 비교하고, 성폭력과 관련된 법에 대하여 알아 오시오.

2. 권수진: 『이래도 미국을 믿을래?』(김현철)를 읽고, 글쓴이가 말하는 미국의 정체에 대하여 정리한 다음 종합 감상문을 쓰시오.

3. 권오준: 『도가니』(공지영)를 읽고 감상문을 쓰고, 이 책이 출간된 후 우리 사회에 어떤 변화가 왔는지 조사해 오시오.

4. 김준엽: 『일곱 가지 남성 콤플렉스』(여성을 위한 모임)를 읽고 내용을 정리한 후 자신의 이야기를 쓰시오.

5. 김태훈:『검은 꽃』(김영하)을 읽고 감상문을 쓴 후, 조선인의 멕시코 이민의 역사에 대하여 조사해 오시오.

6. 안효태:『십시일반』(국가인권위원회 기획)을 읽고 이 세상에 존재하는 '차별'을 열거하고, 자신이 공감하는 일상 속 차별을 만화로 그려서 설명하시오.

7. 정성호:『나의 아름다운 정원』(심윤경)을 읽고 소년 '동구'라는 인물에 대하여 깊고 길게 글을 써 보시오.

8. 홍도란:『키싱 마이 라이프』(이옥수)를 읽고 감상문을 쓴 다음, '나라면 어떻게 할까?'에 대하여 구체적으로 쓰시오.

9. 황성환:『남자의 물건』(김정운)을 읽고 내용을 소개한 후, 자신의 물건 한 가지를 선택하여 글을 쓰시오. 단, 자료를 첨부하고 발표할 때는 물건을 직접 제시하시오.

10. 박종간:『20년간의 수요일』(윤미향)을 읽고 일본군 '위안부'에 대하여 연구 조사하고, 감상문을 상세히 쓰시오.

11. 윤다영:『일곱 가지 여성 콤플렉스』(여성을 위한 모임)를 읽고 내용을 정리한 후 자신의 이야기를 쓰시오.

1. 『촌스러운 아나운서』(이금희)를 읽고, 진정 자아 존중감을 키우고 자기 정체성을 확립해 가는 방법이 무엇인지 써 보시오.

2. 『강아지똥』(권정생)과 「항아리」(정호승)를 비교 감상하고, 작가가 말하고자 하는 삶의 자세에 대하여 비판, 혹은 지지하는 글을 쓰시오.

3. 「시집가는 날」을 읽고, 결혼의 진정한 조건이나 혹은 자신이 생각하는 이상적인 결혼 상대자에 대하여 예를 들어 쓰시오.

4. 「어리석은 자의 우직함이 세상을 조금씩 바꿔 갑니다」(신영복)를 읽고, 글쓴이의 주장에 근거를 들어 찬성 혹은 반박하는 글을 쓰시오.

5. 「길 잃은 태양 마차」를 읽고 부모 자식 간의 진정한 사랑에 대하여 자신의 생각을 쓰되, 근거를 함께 제시하시오.

대지를 터뜨린 아버지의 사랑
「길 잃은 태양마차」를 읽고

중 3 홍경민

「길 잃은 태양 마차」에서 파에톤은 자신의 아버지가 태양의 신 헬리오스라는 것을 알고 헬리오스를 찾아간다. 그리고 자신의 친구들에게 자랑하기 위해 헬리오스에게 태양 마차를 끌게 해 달라는 부탁을 한다. 결국 헬리오스는 파에톤을 너무 사랑했기에, 들어주어서는 안 되는 부탁을 들어주고, 그로 인해 파에톤은 태양 마차에서 타 죽는 불행한 최후를 맞이하게 된다.

여기서 우리는 헬리오스의 경솔함과 파에톤의 욕심이 얼마나 헛된 것인가를 볼 수 있었다. 특히 여기서 다룰 주제는, 파에톤의 죽음이라는 비극에서 찾을 수 있는 부모의 맹목적인 사랑이다. 헬리오스는 부모로서 아들 파에톤을 사랑했지만, 아들의 미래를 생각하고 멀리까지 내다보는 안목을 가지고 있지는 못했다. 그저 사랑만 있었을 뿐 부모로서의 자질이 없다는 것이다. 오냐오냐 하는 식의 훈육 방법은 장차 자식의 미래를 망치는 지름길이다. 파에톤의 죽음처럼 말이다. 요즘에는 특히 오냐오냐 하는 식의 훈육 같지 않은 훈육을 많이 하는데, 그런 부모들이 「길 잃은 태양 마차」를 읽는다면 느낀 점이 많을 것이다.

시대가 달라짐에 따라 요즘 부모들은 각자 다양한 방식으로 자식에게 사랑을 표현한다. 자식의 옳지 못한 행실을 따끔히 혼내는 부모가 있는 반면, 그저 하고 싶은 대로 다 들어주고 따끔한 말 한마디 못 하는 부모들도 허다하다. 자식의 잘못을 그때그때 바로 잡아 준다면, 그 순간은 부모도 자식도 마음이 편치 않을 것이지만, 그것은 순간의 고통일 뿐이다. 결국 올바른 훈육을 받지 못하고 자란 자식은 이기적인 성격을 지니게 될 것이다. 쉽지는 않겠지만, 자식을 위해 훈육이라는 채찍으로 자식의 모서리를 곱게 다듬어 주는 것이 부모의 역할이라고 생각한다.

헬리오스는 자식을 얼마나 사랑했느냐보다는 어떻게 사랑하는지 방법을 몰랐거나 아니면 파에톤을 진정으로 사랑하지 않았는지도 모른다. 그는 태양 마차를 끌게 해달라는 소원을 들어주기보다는 파에톤의 욕심을 없애 주어야 했다. 파에톤의 욕심과 헬리오스의 경솔함은 파에톤을 죽음으로 몰아넣었을 뿐만 아니라, 인류의 재앙을 몰고 왔다. 어쩌면 헬리오스가 피폐한 대지를 보는 마음이 잘못된 훈육으로 타락한 자식을 바라보는 부모의 쓰라린 마음과 같을지도 모른다.

더 이상 헬리오스처럼 부모의 사랑이 자식의 순간적인 쾌락 추구를 위한 것으로 그쳐서는 안 된다. 잘못된 행동을 하고도 그것을 고쳐 주지 않는 부모의 자식보다 더 불행한 사람이 있을까? 모든 부모들이 자식을 위해 올바른 훈육을 함으로써 자식의 등불이 되어 그 미래를 환히 밝혀 줄 수 있기를 소망한다.

아이들이 재미있게 시험을 치를 수 있길 바란다

아이들이 웃으면서 재미있게 시험을 치를 수 있기를 바라며, 이 세상 모든 것이 수업 자료인 것과 마찬가지로 평가 또한 살아가는 데 도움이 되는 실용적인 문제를 출제하고자 꽤 정성을 들이는 편이다. 일단 평소 수업에서 다루었던 이야기를 응용한다면 적어도 그 수업에 적극 참여한 학생은 충분히 풀 수 있는 문제를 낸다. 설령 우연히 다른 문제집에 있는 문제라 하더라도 평소 학생-교사 간에 믿음과 소통이 있는 관계가 형성되어 있다면 학생은 교사에게 배운 대로 답을 작성하지 않을까. 그것이 학생 개개인의 성장과 발전에 치명적인 영향을 준다고는 보지 않는다. 내가 가르쳤으니까 평가도 내가 한다.

기생충 학자 서민 교수가 쓴 글 중에 「작은 눈의 비애」라는 글이 있다. 눈이 작아서 학교에 다닐 때 어지간히 놀림을 받았는데, 음악 선생님이 유독 틈만 나면 눈을 키워 주겠다며 자기 눈을 찢는 시늉을 해서 학창 생활이 지옥 같았다는 것이다. 이 글을 바탕 글로 제시하고, '이 일을 겪은 날 화자가 되어 일기를 쓰되, 마지막 문장은 음악 선생을 향한 욕으로 마무리하시오. (맞춤법, 띄어쓰기 틀려도 무방함)'라는 서술형 문제를 출제한 적이 있다. 부정적인 감정을 일기장에 해소할 뿐만 아니라 비속어나 유행어, 방언, 은어도 적시에 유창하게 사용할 수 있다면 그 또한 어휘 능력이라 생각하여 합법적인 자리를 만들어 본 것이다.

그런데 4점 만점에 4점을 받은 학생이 거의 없었다. 기껏해야 '쌍, 새끼, 병신, 개새끼, 나쁜 놈, 돼지야' 정도이고 대부분 '기분 나쁘다, 서럽다, 싫다, 짜증난다, 나쁜 선생님, 교직 생활을 하면 안 된다, 기분이 더럽다, 밤길 조심해' 이고, 가장 강도가 센 것이 '육갑하고 자빠졌네!'였다.

우리 작은 시골 학교 아이들은 심성이 고운데다 사는 것이 행복해서인가, 학교에서 욕하는 것을 거의 들어 볼 수가 없다. 점수가 깎이는데도 답안지에 심한 욕을 안 쓰거나 못 쓴 것을 보고 사실은 내심 흐뭇하였다. 그러나 한참 시간이 흐른 뒤에 이 생각이 오해였다는 사실을 깨달았다. '욕을 쓰란다고 진짜로 쓰면 나중에 선생님한테 꾸중을 들을 것이다'라고 생각하여 욕을 안 썼다고 한다. 평소 소통이 잘 되고 있으니 아이들은 내 의도를 잘 알고 평소처럼 답할 것이라고 믿었던 나는 뒤통수를 맞은 기분이었다. 아, 나를 믿지 못하는구나. 나는 그저 이들에게 교사일 뿐이구나. 한 문제를 내느라 하룻밤이 걸린 다른 문제들도 대부분 이와 같이 내 기대를 만족시키지 못하는 것이 많다면 어떻게 해석해야 할까.

그러거나 말거나 또 다시 힘을 내어 실제로 사는 것에 가장 가깝게 문제를 만들어서 평가를 하지만, 앞으로 책임은 어떻게 져야 할지는 아직도 숙제로 남아 있다.

9장

·

거듭나는
수업을 위하여

재구성 수업의 방법

수업의 '흐름 타기'

 3년 동안의 흐름을 고려해 보자. 한 차시, 한 단원 안에서의 수업 구성을 고민할 뿐 아니라 1년, 나아가 한 학년의 아이들이 입학부터 졸업까지 겪을 교육과정의 흐름을 고려하자는 것이다. 이를 꾸준한 관찰을 바탕으로 아이들의 학습 정도에 따른 체계적인 수업을 준비한다는 뜻에서 '흐름 타기'라고 부른다. 흐름 타기는 아이들의 발달 상황에 따라 교과 목표와 수업 방식을 조정해 나가는 과정이기도 하다. 이 과정에서 아이들과의 지속적인 교류를 통해 수업 효과를 극대화할 수 있다.

그럼 3년 동안의 수업 흐름은 어떻게 타야 할까? 수업 방식은 명확히 수업 목표와 연관되어 있기 때문에, 이를 먼저 확인하는 게 필요하다. 먼저 1학년 수업의 목표는 '의사소통'으로 한다. 다른 사람이 하는 말을 이해하고 자신을 표현하는 것에 익숙해지도록 하는 것이다. 그런 의미에서 독서는 자신을 표현하고 다른 사람의 표현을 이해하는 능력을 키우기에 알맞은 활동이다. 이때는 이론 수업은 짧게 하고 무조건 책을 많이 읽게 하는 것이 중요하다. 단, 감상문 때문에 책이 싫어지지 않도록 분야별로 다양한 독서 활동과 부담 없는 형식을 안배하는 것이 중요하다.

2학년 때는 1학년 때 배운 의사소통을 좀 더 체계적으로 할 수 있도록 끌어간다. 자신의 생각을 표현할 때 교과서의 개념어를 사용하도록 하며, 지식과 삶을 어떻게 연관 지을 수 있을지 학습을 통해 조금씩 확인해 가는 훈련을 한다. 이때는 교과 비중을 좀 더 늘린다.

3학년은 지금까지 쌓아 온 모든 활동과 경험들을 디딤돌로 하여 교과서를 깊이 분석하고 연구하며 응용과 적용, 창조까지 나아가도록 한다. 이쯤 되면 꽤 긴 글을 집중해서 읽고, 읽은 것을 바탕으로 예를 들 수 있게 된다. 보기를 들 수 있다는 것은 내용을 자기화하고 내면화했다는 뜻이다. 이때는 두 가지 글을 같이 읽고 비교하거나 스스로 글을 평가해 보는 과제를 늘린다.

흐름 타기를 아이들의 1년 살이에 적용한다면, 다른 교과도 그러하겠으나, 특히 국어는 때를 놓치지 않고 수업하면 좋을 작품이나 단원이 얼마든지 있다. 문학 작품 속에 핀 꽃들과 관련해서는 더 말할 필요도 없고, 설날이나 단오, 추석, 동지 같은 세시풍속일과 입학식, 졸업식, 수학여행, 현장 체험, 체육 대회, 가을 축제, 겨울 방학 등의 학사 일정에 따른 수업도 얼마든지 할 수 있다. 또한 역사적으로 의미 있는 날이나 국경일과 관련한 문학이나 비문학 단원도 시의적절하게 수업을 전개한다면 더욱 더 높은 학습 효과를 얻을 수 있을 것이다. 결국 재구성을 하는 교사의 결단이 중요하다.

「3·1독립선언서」는 만사 제치고 3월 초에 수업하고, 4월에는 과학과 장애인을 다룬 주제를 찾아본다. 5월에는 주변을 생각하며 감사하는 내용을 다루고, 6월에는 국가와 민족, 전쟁과 통일, 사회 민주화를 다룬 단원에 맞추어 수업한다. 그리고 10월에는 세종과 한글, 바른 언어 생활을, 11월에는 전기 수업과 맞추어서 노동자의 인권을 위해 제 한 몸을 던진 전태일에 대하여 다룰 수 있다.

교과서 다시 바라보기

과거에 국정 교과서로 배운 교사, 그리고 그 교사에게 배운 학생이 장차 교사가 되었을 때 이들에게 교과서라는 것은 신성하고도 절대적인 성전이었다. 어떤 갈래의 글이든 바탕글을 중심에 두고 오직 내용 파악에만 힘썼고, 그 내용은 대체로 올바르고 훌륭하며 바람직한 가치로서 대우 받았다. 어디까지나 글을 이해하는 독해력이 국어 능력의 중심에 서 있었으므로 '교사는 가르치고, 학생은 듣는 것'이 국어 공부의 전형적인 모양새였다. 간혹 교사에 따라 읽기 자료를 준비헤 보조 자료로 활용하는 경우가 있지만, 화법이나 작문, 문법 등은 지극히 주변적인 것으로서 저만치 밀려 있는 신세에 지나지 않았다.

그러나 7차 교육과정부터 교과서는 학생의 참여와 다양한 활동을 할 수 있는 공간이 많아졌다. 무엇보다 교과서 말고도 다른 자료를 활용할 수 있도록 출구를 열어 놓았다는 점에서 교사들의 숨통을 트이게 하였다.

2007년 교육과정에서는 한층 더 나아가 수십 종의 검인정 교과서가 등장하여 지역과 환경, 처지에 따라 교과서를 선택할 수 있게 되었다. 그리고 획일적이고 지식 위주의 교과서 중심 수업에서 교육과정 중심 수업으로 변화함으로써 교사 재량이 상당히 보장되는 상황에까지 이른 것이다. 학습자 중심 수업, 전인적 수업, 인성 수업, 표현 수업, 통합 수업 등 다양한 형태가 나오고, 교과서는 여전히 중요하긴 하나 어디까지나 자료의 하나일 뿐이라는 시각으로 바뀌어 마침내 교사들에게 교과서를 재구성하여 자신의 교재를 만드는 환경이 열린 것이다.

교육과정의 변화는 수업뿐만 아니라 평가에서도 변화를 가져왔다. 즉, 여러 교과서 중 하나를 선택하기 때문에 절대적인 바탕 글이 있을 수 없고, 족집게 과외나 기출문제라는 것도 있을 수가 없다. 이제는 어떤 글을 보더라도 이해하고 판단할 줄 알며, 내 생각을 발표하고 토론하며 비판도 하고 응용과 창조도 할 수 있는 진정한 국어 능력을 쌓을 수 있어야 한다.

따라서 더 이상 따분하고 재미없고 융통성이 없는 사람을 가리켜 '교과서적이다', '교과서 같은 사람'이라 일컬을 수 없게 되었다. 또 교과서가 절대 진리도 아니다. 중요한 것은 '나'와 '우리'가 어떻게 살아가야 할지 아이들이 스스로 판단할 수 있도록 입과 귀와 가슴을 열어 주는 역할을 하는 것이다.

교실을 벗어나

전체적으로 수업은 교육과정에서 제시한 목표에 충실해야 할 것이다. 교사는 목표에 도달하기 위하여 교과서를 꿰뚫어 살피고 때로는 특별한 기획 수업을 할 수도 있겠으나, 대체로 주제를 중심으로 단원을 재편성한다. 이 과정에서 교사의 역량이나 지역 여건 혹은 학교와 학생들의 특수성 등을 고려하여 여러 영역을 통합하고, 그에 따른 효과적인 학습 형태와 활동을 정한다. 교실, 도서실, 운동장, 뒷산, 컴퓨터실 같은 장소와 연극, 매체, 재판, 토론 형식 등의 수업 형태를 함께 고려하여 필요한 교재를 만들어 신명나게 가르칠 때 비로소 교사는 걸어 다니는 또 다른 교육과정이요, 살아 있는 교과서라 부를 수 있을 것이다. 다시 말하지만 '무엇을 가르칠 것인가'를 알고 있다면 '어떻게 가르칠 것인가'에 대한 방법도 나온다.

학교에는 생각보다 다양한 공간이 존재한다. 해당 학급 교실을 벗어난 장소에서 할 수 있는 활동을 열거하면 아래 예시는 소략한 것일 뿐이다. 교사 스스로 수업에 대한 제한을 푼다면 학습 내용과 목표에 알맞은 더 다양한 장소를 찾을 수 있을 것이다.

• 도서관 수업 다양한 독서 활동, 분야별로 책 읽기, 사전 찾아 가며 메모하기, 교과서에 수록된 문학 작품과 같은 시대, 같은 작가의 다른 작품 찾아 읽기, 다문화 수업, 서평 엽서 쓰기, 책갈피 만들기, 책 권하는 우리 학교, 아름다운 손바닥 시집 만들기, 독서 신문 만들기, 시 낭송 대회, 시 낭송 테이프 만들기, 시화 달력 만들기

• 컴퓨터실 수업 자료 찾기, 이미지 찾기, 글쓰기, 댓글 쓰기. 화상 토론하기, 자기 글 화면에 띄어 놓고 맞춤법과 띄어쓰기 바로잡기, 비문 찾아 고치기

• 야외 수업 운동장에서 소리 내어 책 읽기, 반언어와 비언어 활용하여 낭독하기. 문학 작품 속 꽃과 나무 관찰하고 글과 그림으로 묘사하기, 문학 작품의 배경지 찾아가기, 낙엽 깔고 앉아서 시 쓰기, 교정에 둘러앉아 '이야기의 맛' 누리기, 식물 신문·동물 신문 만들기

• 자리 재배치로 교실 환경 바꾸기 책걸상 없애고 바닥에 앉아 신문 읽기와 연극하기, 둥글게 둘러앉아 토론하기, 눕거나 구석에 박혀서 좋아하는 책 읽기, 판소리 감상하기, 문학 작품을 영화나 연극으로 각색한 작품 감상하기

교과 통합 수업

분절적인 교과 개념에서 벗어나 이 교육 활동이 과연 아이들의 삶과 세상에 어떤 의미가 있는지에 대한 성찰이 필요하다. 교과목의 구분은 필요에 의해 이루어질 뿐, 삶은 원래 통째로 하나요, 통합적으로 이루어지는 것이 아니겠는가.

교과 통합 수업의 예를 들면, 아이들의 관심사와 맞닿은 책을 한 달 동안 읽은 후 쪽지에 질문을 쓰게 하고, 주제별로 모아 관련 교과 교사가 중심이 되어 질문에 대답하고, 이어서 토론을 펼친다. 관련 교사들은 사전에 함께 책을 읽고 무엇을 다룰 것인지를 심도 있게 토의한다. 학생, 학부모, 교사가 함께 공개적으로 생각과 의견을 자유롭게 펼치며 이해를 돕는 이 활동은 누구보다도 학부모들에게 호응을 얻을 수 있다.

초청 특강 수업을 할 때는 지역 인사나 학부모, 졸업생을 최대한 활용하는 것도 좋고, 학생들이 원하는 강사를 섭외하기 어려울 때는 교내 교사를 대상으로 하여도 좋다. 교장이나 교감, 그리고 특별한 분야에 능력과 재주를 가진 교사를 초청하여 전문적인 지식과 정보를 제공하면 매우 교육적이고 창의적인 통합 수업을 할 수 있다.

이를테면 일본군 '위안부' 문제로 일본이 망언을 거듭하고 있을 때나, 굴욕적인 한미 FTA로 온 나라가 떠들썩할 때 시민운동 활동가를 초빙하여 교과서의 '강연 잘 듣는 법' 단원과 관련하여 특강을 마련할 수 있다. 교사는 주제에 따라 어떤 강사를 초빙하는 것이 적절한지 고민해야 한다.

연간 교육 계획에 따라 수업 연구를 하거나 학부모들의 학교 방문에 맞추어 수업 공개를 할 때는 특별히 더 단원을 통합, 재구성할 필요가 있다. 부모들은 자녀의 공부하는 현장을 직접 보면서 아이의 능력이나 품성, 습관 등을 객관적으로 판난할 수 있고,

교사에게도 학부모에게 아이의 진면목을 확인하게 하는 절호의 기회이다. 따라서 아이의 생각이나 내면세계가 잘 드러나는 주제를 선정하는 것이 좋다.

특정 과목에 관계없이 범교과적인 주제의 책을 선정하여 아이들과 함께 읽은 다음 독서 토론회를 열고, 여기에 학부모가 참관하여 자연스럽게 부모와 아이의 대화 통로를 마련하는 것도 좋은 방법이다. 아이들끼리 토론하는 모습을 지켜보며 내 아이의 생각과 감정, 꿈, 희망, 진로 등을 이해함으로써 교사와 학부모가 함께 손잡고 지도해 나갈 수 있다.

참관 수업에서 하면 좋은 활동들

- 다양한 방법으로 자기소개하기, 자아 이해 및 자아 발견하기
- 상황에 맞도록 비언어적, 반언어적으로 자기 표현하기
- 성장 카드를 활용한 아름다운 가치 사전 만들며 가치관 이해하기
- 독서 토론회를 통하여 다양한 생각과 의견을 제시하고 타인과 소통하기
- '사랑의 해결사' 놀이를 활용해 가족 간의 갈등 다루기

아는 것과 사는 것이
하나 되는 평가

　평가란 학습 목표에 얼마나 도달했는지를 알아보는 중요한 도구이다. 일반적으로 학습 목표의 도달 정도를 평가하는 데 사용하는 지필 평가와 학습을 수행하는 과정에서 나타나는 태도와 응용, 창의력 등을 알아보는 수행 평가가 있다. 과거에는 예체능 과목에만 실기 평가가 있는 줄 알았으나, 천만의 말씀이다. 국어만큼 모든 영역이 실기 아닌 것이 없다는 것을 교사들은 일찍부터 깨달았어야 했다.

　'문법' 영역마저도 실제 삶 속에 적용해야 마땅하다. 그러나 지금도 지식과 정보를 다루는 설명문과 다름없이 교과서의 모든 영역을 내용 이해로만 전달하는 수업 형태를 흔히 볼 수 있다. 학습 목표에서 '~에 대하여 말해 보자' 하면 실제로 말을 해야 하고, '~에 대하여 써 보자' 하면 실제로 글을 써야 하고, '~에 가 보자' 하면 가야 한다. 그러나 그 불변의 입시 제도에 맞추고, 공정성과 타당성, 적절성의 시비에서 벗어나려다 보니 지필 평가는 지식 확인 위주로, 수행 평가는 감상문이나 보고서 한두 점으로 끝내는 교사들의 자기 정당화는 이해되고 학부모들에게도 설득력이 있다.

모든 교과 교육이 그렇듯이 지식이란 우리 삶과 연관하여 유익하고 쓸모가 있어야 한다. 특히 국어 능력은 아는 것이 그대로 실제 사는 것에 적용되어야 하며, 삶을 윤택하게 하고 행복하게 하는 데 디딤돌이 되어야 할 것이다. 따라서 교과서에 있는 것만을 평가의 대상으로 하라는 법은 없다. 평소 아이들의 말이나 글, 현안이 되고 있는 사회 문제와 교사의 삶도 지필 평가의 지문으로 가져 와서 평가할 때 비로소 국어 능력은 우리 삶 속에서 녹아나는 살아 있는 교육이 될 것이다.

수업 성찰을 통한
수업 개선

 교사만큼 변화의 흐름과 가까우면서도 변하지 않고 홀로 꿋꿋이 사는 사람들도 드물 것이다. 교사들이 동료 교사의 수업은 어떨까, 내 수업에 대한 학생들의 반응은 어떠할까에 민감하게 반응하며 고민하고 걱정하는 데 견주면, 그 대응은 소극적이거나 지극히 개인적이다. 큰 학교는 수업이 많다는 이유로, 작은 학교는 주어진 업무가 많다는 이유로 이런저런 현실에 대해 개탄하며 혼자 책상에 앉아 책을 보거나 인터넷을 통해 정보를 검색하는 것이 최선이라고 생각한다.

 장학이란, 교수-학습 과정을 개선하기 위하여 교사와 학생간의 상호 작용에 중점을 두고 교사를 지도·조언하는 활동이다. 그러나 우리의 장학 현실은 부담스럽거나 상황이 여의치 않다는 이유로 교사 스스로 외면하고 회피함으로써 외부에서 누군가가 일방적으로 지시, 강요하는 타율의 성격을 띠게 되었음을 부인할 수 없다.

따라서 전시 효과적이고 관행적, 의무적으로 시행하던 수업 연구를 탈피하여 새로운 수업 모형을 만들고, 지속적이고 현실적인 방법으로 수업 방법을 개선, 발전시키는 데 뜻을 같이하는 사람, 즉 수업 친구를 맺는 것에서부터 발걸음을 떼어 볼 필요가 있다. 조금씩 차이는 있지만, 이를 동료 장학이라 하여도 좋고, 수업 컨설팅, 멘토링이라 불러도 좋다.

단위 학교의 수업 친구 맺기

동료의 수업을 참관하는 것도 힘이 드는데 자기 수업을, 그것도 언제 어느 때라도 공개하겠다는 것은 어지간한 배짱이나 용기 없이는 사실 불가능하다. 교사에게도 평가는 언제나 무섭고 두려운 것이다. 좋은 평가는 좋아서 두렵고, 나쁜 평가는 나빠서 겁이 난다. 그러나 평가 없이 진정 스스로의 힘만으로 수업이 변화, 발전할 수 있을까? 이 엄숙한 일은 말 그대로 자발적이고, 협조적이며, 부담 없이, 화기애애한 가운데 동료애로써 이루어져야 한다.

수업 친구 맺기는 사전에 설문 조사를 하여 수업 공개와 다른 수업 참관을 할 수 있는 교사들을 모으는 것에서 시작한다. 수시 공개와 참관을 시작하면 감상과 평가를 자유롭게 기록하되, 점차 평가 항목을 정하여 집중적으로 관찰하고 평가해 나간다. 수업 내용과 방법에 따라 다른 과목과 통합하여 지도안이나 지필 및 수행 평가를 탄력적으로 운영할 수 있다면 수업 친구 맺기의 효과를 높일 수 있다.

자율적인 수업 성찰로 수업을 개선하기 위해 무엇보다 중요한 것은 바로 수업 담당자와 참관자 사이의 인간적인 관계 형성이다. 초기 단계에는 친근한 동료끼리 수업을 점검하고 조언해 주는 정도에서 시작하여 점차 참여를 확대해 나가야 한다. 그러나 이 경우 심리적인 강제성을 느끼게 해서는 결코 성공하기가 어렵다. 교사들의 이해와 자발적인 협조를 이끌어 내어 수업 연구를 능동적으로 주도할 때 수업 성찰의 목적을 달성할 수 있다.

수업 친구 맺기가 잘 정착되면서 회의적이며 부정적인 시각을 가졌던 교사들도 수업의 질을 개선하는 데 좋은 자극제가 되었다는 점에서 공감하고 동참하였다. 무엇보다 수업 방법에 있어서 변화와 발전의 방향을 모색하는 분위기가 형성되었다는 데 큰 의미를 찾을 수 있다. 뿐만 아니라 수업을 공개한다는 자체만으로 수업 기술의 향상을 가져오는 계기가 될 수 있으며, 동료에 대한 신뢰감과 더불어 교육이 상호 보완적이고 의존적이라는 사실을 확인함으로써 처음의 부정적인 부담은 곧 마땅히 가져야 할 긍정적인 부담으로 변화하기에 이르렀다.

단위 학교의 수업 친구 맺기와 국어 수업

수업 공개 교사의 소감

6월 29일(금) 2교시 중 1-1. 수업 공개 교사: 최 ○○(도덕)

벌써 여러 선생님이 참여했고, 나도 이미 약속을 했으니 부담스럽기 짝이 없으나, 도저히 빠져나갈 수 없음을 알고 있었다. 바쁜 일은 한꺼번에 몰려온다더니 준비하는 동안 괜히 마음만 어수선했다. 솔직히 평소와는 다르게 준비를 했지만, 역시나 자연스럽지 못했다. 왜? 평소와 다르니까!

아쉬웠던 것은 무수히 많지만, 그 중에서도 아쉬운 것은 아이들이 자료를 찾아 준비하지 못하고 거의 교사가 제공한 것을 그대로 읽었다는 점이다. 준비하는 동안 줄곧 나를 억눌렀던 긴장과 걱정, 수업 후의 아쉬움은 남아 있다. 하지만 앞으로 교사로서 더 열심히 하리라는 스스로에 대한 믿음이 더 큰 수확으로 다가왔다. 그리고 '통일'에 대한 일선 교사의 철저한 의식이 절실하다는 생각을 잠시 했다. 교사의 신념이 흔들리면 학생들이야 더 말해 무엇하겠는가.

참관 교사의 소감

6월 29일(금) 2교시 중 1-1. 참관 교사: 김○○, 수업 공개 교사: 최○○(도덕)

최○○ 선생님의 수업은 천천히 그리고 분명한 어조와 웃음이 담겨 있는 듯한 표정으로 아이들과 호흡을 같이 한 수업이었다. 다만 모둠별 발표 때 다른 모둠의 발표 내용을 귀담아 듣도록 도와줄 필요가 있었다. 어떤 방법이 있을까? 우리 모두 생각해 볼 부분인 것 같다. 나는 학생이 교과서를 읽거나 발표를 할 때 다른 학생에게 중요하다고 생각하는 내용이 무엇인지 되물어 본다.

교사가 다양한 학습 자료를 준비한 덕분에 아이들이 즐거워하였다. 앞에 있는 학생이 발표할 때 뒤돌아보게 한 점은 선생님의 세심함인 것 같고, 학생들의 토론 발표 후 정리를 적절하게 잘 해 주셨다. 아이들은 스피드 퀴즈를 통해 북한 말에 대하여 더 많이 알고 이해할 수 있었는데, 목소리가 조금만 더 컸으면 좋았을 것이다.

특히 인상적이었던 점은, 아이들 스스로 수업 내용을 통합한다는 것이다. 어떤 모둠에서 발표한 걸 보면, 통일에 대한 반대 입장이 다른 교과 수업을 통해 찬성 입장으로 바뀌었다는 것이다. 이는 다른 시간에 배운 것을 토대로 도덕 시간에 더 쉽게 목표에 도달할 수 있다는 사실을 말해 주므로 상당히 의미 있다고 본다. 이런 점에서 때로 아이들은 우리보다 앞서 나가기도 한다. 중학교 1학년 학생들에게 박수를 보낸다.

다른 과목 수업을 참관하면 국어과가 담당해야 할 부분을 여럿 발견할 수 있다. 앞의 소감을 예로 들면, 친구나 다른 모둠이 발표할 때 잘 듣지 않는 자세에서 '듣기' 영역 수업을 더욱 강화해야겠고, '상호 평가'를 대안으로 하는 것도 좋을 듯하다.

또 역할극을 할 때 대사가 잘 안 들린다든가, 배우가 관객에게 뒷모습을 보이며 말하는 것이나, 시나리오를 쓸 때 주제 파악과 전달이 제대로 되지 않아 교사가 요구하는 바와 차이가 있거나 글쓰기 기술이 부족하여 수업 효과를 제대로 거두지 못하는 경우를 보았다.

그리고 발표할 때는 큰 소리로, 발음을 분명하게 할 것이며, 외워서 말하거나 공책을 읽지 말고 자연스럽게 말할 것을 국어 시간에 그토록 강조했음에도 불구하고 다른 시간에는 그렇게 하지 않는 것을 보았다. 아이들이 개별 학습 활동을 통합하여 자기 것으로 만들기까지는 긴 시간이 필요한 것이다. 그래서 교사는 인내심을 가지고 일관되게, 되풀이하여 교육해야 한다.

지역 단위 국어과 모임의 수업 친구 맺기

'보통수업을 연구수업처럼, 연구수업을 보통수업처럼!'

이 말은 예전에 지역 국어 교사 모임에서 수업 친구 맺기를 시작할 때 내건 표어다. 형식적이고 의무적인 수업 연구에서 벗어나 효율적인 수업 연구를 하되, 연구수업을 할 때는 보통수업을 하는 것처럼 부담을 가지지 말고, 보통수업을 할 때는 연구수업을 하는 것처럼 연구하여 새로운 수업 모형을 만들고 성실히 하자는 말이다.

단위 학교의 경험을 비교적 우호적이고 긍정적으로 평가를 한 것에 힘입어 지역 국어 교사 모임에서 처음 시작할 때는 그다지 벽에 부딪히지는 않았다. 물론 '모골이 송연하다'는 말로 표현한 선생님도 있었지만, 교사 본연의 모습은 수업에 있다는 생각에는 이의가 없었다. 같은 교과를 가르치는 교사끼리 모여 함께 연구하고, 공개하고, 참관하고, 평가함으로써 더 나은 수업을 하고자 하는 둘도 없는 동료애와 연대감으로 맺어진 모임이기 때문에 더욱 가능하였을 것이다.

읍, 면 지역의 학교는 대부분 규모가 작아서 한 학교에 국어 교사가 한 명인 경우가 많고, 교과 협의회를 통해 교육과정을 재구성하고 서로에게 자극을 주어 좋은 수업을 하기 위한 제도적 장치가 없는 것이 현실이다. 상황이 그러하기에 지역 단위 모임에 교사들이 선뜻 동의하고 공개 수업 순서를 정할 때에도 누구 하나 미루지 않았다고 본다.

• 수업의 다양한 기법을 관찰하고 각기 다른 분야에 대한 수업 모형을 참관함으로써 동료 교사와의 협력적인 관계를 실천하였을 뿐만 아니라, 스스로 현장 활동에 대한 점검과 반성의 근거를 마련할 수 있었다는 점에서 한마디로 행복한 자극제가 되었다. 단위 학교에서의 수업 공개는 통합적 교육의 필요성을 절감하고 국어 교과에서 배운 내용을 다른 교과에 어떻게 적용하는지를 살펴볼 수 있다는 장점이 있었다. 이와 비교할 때, 지역 모임은 전문적이고 구체적으로 국어 교과에 접근하여 전문 교과로서 정체성을 강화하고 교사들의 자신감을 고취시키며 자유로운 교재 재구성을 가능하게 한다는 장점이 있다.

• 상명하달에 의한 형식적이고 강제적인 장학이 아니라 교사들의 자발성에 근거한 것이어서 자주적이고 호의적인 출발을 할 수 있었다. 참여자들이 성실하고 적극적인 자세로 임하였으며 서로 간의 사랑과 믿음을 키울 수 있었다.

• 수업 후 협의회를 통해 두세 시간씩 교과 운영에 대한 정보를 교환하고, 고민거리와 의문점들을 토론하여 공동으로 해결 방안을 모색할 수 있었다. 다른 학교 학생들을 보며 우리 학교 학생들에게 어떻게 이 수업을 적용해야 할지 자각하였다.

• 교사가 주도하는 수업에서 교사와 학생이 어우러지는 수업으로의 전환은 반드시 필요하다는 것을 알았다. 그리고 이러한 협조 체제를 통하여 교재 개발과 각종 정보, 자료를 수집할 수 있고, 동시에 교사 스스로 교과서를 재구성하여 통합적으로 운영하는 국어 수업을 할 수 있다는 것을 확인하였다.

• 모임을 교육청에 등록하여 예산을 보조 받고, 교육청에서 각 학교에 협조 공문을 보내기 때문에 출장 처리도 쉽고, 다른 교과 모임에도 좋은 본보기가 되어 교과 협의회의 활성화와 조직 확산의 계기가 되었다.

어떤 일이든 완벽하기는 어렵다. 학교 단위든 지역 단위든 수업 친구 맺기의 필요성을 느끼고 있다면, 아래 소감에서 개선할 부분을 찾아보는 것도 좋겠다.

• 일관된 평가 기준이 없었다. 주제 중심으로 각각 다른 수업을 하다 보니 그 수업만을 중점적으로 보고 그것이 타당했는가만 판단했다.

따라서 구체적으로 어떤 목표를 이루어야 할 것인지 명확하게 제시하고, 평가 모형을 개발하여 체계적으로 접근해 나가야 할 것이다.

• 수업 장면을 담은 사진이 부족하고 비디오 촬영을 한 수업이 둘뿐인 것도 아쉽지만, 비디오 촬영한 것으로 함께 강평을 하지 못한 것이 더 안타깝다. 모든 수업 장면을 녹화하여 그 내용을 함께 시청하면서 검토하고 평가하는 기회를 가질 필요가 있다.

• 각각의 주제-수업 형태를 보고 난 뒤 재평가하여 자신의 수업에 적용하거나 공동 실천을 하지 못했다. 혹은 자기 수업에 적용한 사례를 공론화하지 않고 개인에게 국한시킨 것이 아쉽다.

한 달에 두 번이지만, 공부하고 토론하기 위해 모이는 것은 쉽지 않다. 더욱이 바쁜 생활 속에서 출장을 갈 때마다 수업을 바꾸어야 한다. '수업 친구 맺기 모임 돌아오는 날이 마치 없는 집 제삿날 돌아오듯 한다.' 혹은 '자승자박'이라 말하는 동료들의 웃음에서 즐거움과 어려움을 함께 느낄 수 있었다.

교사들은 자기 수업을 개방하지 않고 자기만의 공간을 만들어 반복해 온 것이 사실이다. 여기에 폐쇄적인 교직 문화와도 맞물려 계속 유지되어 왔다고 해도 지나치지 않다. 특히 중등에서는 그 상황이 더욱 심각해서 다른 교과 동료와 대화를 할 때도 '수업'이라는 말을 마치 금기어로 정해 놓은 것 같은 느낌을 받는다.

좋은 수업은 그 자체가 곧 좋은 생활 지도이다. 특히 국어 교과는 그 대열의 가장 앞에 서 있는 교과라고 자부한다. 자기만의 방식으로 수업을 하고, 다른 사람의 수업을 보지 않고 교과 연구회도, 소모임에도 가지 않고, 수업 속에서 일어나는 온갖 상처와 아픔조차 나누지 않는다면 수업 개선이나 성찰이란 기대할 수 없다. 소박한 동료애를 넘어 진정 뜨거운 동지애로 접근한다면 비약은 돌연히 도래할 것이라 믿는다.

더 나은 수업을
위하여

아이들은 완성된 인격체가 되기 위한 분별력과 이성적인 절제를 지니기에는 아직 어리다고 생각한다. '나이가 많다, 적다' 자체가 주는 의미는 쉬이 간과할 문제가 아닌 것이다. 교사가 온 정성과 열의로 전력을 기울인다고 해도 삶에서의 경험까지 가르칠 수는 없다. 그건 그저 시간이 가는 대로 두고 봐야 할 것들이다. 교사는 학생들이 여러 문제들을 만날 수 있도록 기회를 제공하고 또 시행착오를 경험하면서 그 문제를 자신의 힘으로 해결하는 능력을 쌓아 나가도록 돕는 역할을 할 뿐이다.

따라서 꽤 성과가 보이고 제법 성공했다고 생각되는 순간에 '아, 아니구나!' 하고 아픈 비명을 지를 경우를 대비해야 한다. 자만은 금물이라 했던가. 그러나 교사에게 와서 꽂히는 바로 그 화살은 막무가내의 아픔은 아닐 것이다. 어쩌면 마치 한글을 일껏

가르쳐 놓으니 가장 먼저 하는 일이 벽에 '선생님 바보'라고 낙서
하는 아이를 볼 때의 잔인한 기쁨 같은 것이 아닐까 생각한다.

수업이나 평가를 두려워하지 말자

정성껏 계획하고 열성적으로 수업한 후에 학생들로부터 좋은
점수와 호응을 기대했다가 크게 상처 받은 경험이 있을 것이다.
그리하여 다음에는 평가 받기를 포기하고 몇 년 동안을 독무대
로 지나 보기도 하지만, 어쩔 수 없이 치밀한 계획과 열성으로 교
육 활동을 펼쳤을 때 다시금 자신의 노력에 대한 결과를 확인하
고자 하는 마음으로 돌아온다. 그때는 그 상처를 여유 있게 자신
을 변화시키는 성찰과 관용의 자세로 받아들이게 된다.

1학년 때부터 3년을 함께 해 온 처지라면 교사 개인에 대한 평
가는 생략하고 수업 관련 평가만 받아 보아도 무방할 것이다. 한
편으로 학교 안에서 같은 교과 동료들과 교과 협의회나 학년 협
의회, 혹은 수업 공개를 통해 국어 영역을 통합적으로 운용하며
자발적인 평가를 지속적으로 가지면서 교사 스스로도 합리적이
고 창의적인 미래의 삶을 만들어 나가도록 한다.

아이들과 마음을 나누자

즐겁고 좋은 수업을 바란다면 수업을 개선하기 전에 무엇보다
우선해야 할 것이 교사와 학생 간의 인간적인 관계 맺기임을 강조
하고 싶다. 어른이라고 선생님이라고 잘나고 강한 것만이 아님을,

우리도 한 인간임을 틈틈이 드러내어 아이들과의 벽을 깨야 한다. 나부터 마음을 열고 생각과 느낌을 솔직하게 드러내어 다른 사람이 들어올 수 있는 길을 열어 주자. 특히 우리 아이들과 옆자리의 동료들이 들어올 자리를 남겨 두는 일은 여유 있는 사람만이 할 수 있다. 그 여유는 자신을 정직하게 들여다보고 인정하는 사람에게만 있는 능력이요, 재산일 것이다. 문제가 생겼을 때는 이미 치료가 늦다. 마음도 몸처럼 건강할 때 그 좋은 상태를 더 좋게 유지하도록 부지런히 훈련하여 나와 아이들과의 관계를 건강하게 가꾸어 나가는 노력은 아무리 해도 넘치지 않을 것이다.

우선 나부터 '행복하자'

'행복하다'라는 형용사의 쓰임 중 '행복하자'라는 청유형은 문법적으로 잘못된 말이다. 그러나 알고도 일부러 쓸 때는 특별히 강조하기 위함이다. 어느 교과이든 교사가 먼저 느끼지 않으면 아이들에게 느끼라고 할 수 없고, 스스로 행복하지 않은 교사가 행복한 아이들을 키울 수 없다. 뿐만 아니라 수업이 불가능한 지경에까지 이르게 한다. 교사 스스로가 수업 내용에 빨려 들어간다면 학생들도 더불어 빨려 들어가게 마련이다.

하지만 자신이 온몸으로 체득한 감동을 잘 전달하기 위해서는 누구보다 고민이 필요하다. 교사는 수업에서 자신의 존재를 확인할 뿐만 아니라 삶의 모든 것이어야 할 것이다. 따라서 좋은 수업은 교사와 학생이 모두 몰두할 수 있어야 하며, 기쁨과 깨달음이 있어야 하고, 서로를 성장시키는 최고의 예술 작품과도 같다.

국어과의 각 영역을 합쳐서 삶에 통합적으로 녹아들도록 하자. 나와 내 주변에서 일어나는 일에 무심하지 말 것을 가르치자. 입시 제도가 아무리 변하여도 자기만의 수업 원칙을 지켜 나가자. 나부터 감동하고, 반하고, 변하고, 자유와 행복을 위하여 과감히 투자하자. 늘 육체적, 정신적으로 가장 좋은 상태를 유지하자.

내가 만난 명희 선생님

1983년부터 2016년까지 선생님과 함께한 시간이 30년이 넘는다. 그러니 하고 싶은 이야기도 참 많다.

선생님, 김명희

1983년 3월, 새로운 학교에서 매 시간 만나는 선생님들이 신기하던 그 즈음, 다른 어떤 선생님과도 비교할 수 없는 놀랍고 강력한 인상을 첫 국어 시간에 받았다.

그때도 지금처럼 선생님은 자기소개를 하실 때 당당하게 당신의 나이를 밝히셨던 것 같다. 선생님께서 31세인가 32세라고 나이를 밝히는 순간 누군가가 "야~ 노처녀네."라고 말했다. 그 친구가 누군지는 기억이 나지 않지만, 선생님께서는 그 친구를 일으켜 세우고는 말씀하셨다.

"왜 노처녀라고 말했는지, 노처녀의 기준이 무엇인지 말해라. 남들이 그렇게 이야기하니까 그런 거라고 하지 말고 너의 생각, 너의 기준을 말해라."

그 순간 교실 안은 찬물을 끼얹은 듯 조용해졌다. 나는 '이 선생님 뭔가 참 특별한 선생님이구나'라고 생각했다. 그리고 속으로 '남들이 그렇게 하니까 그렇다가 아니고 너의 기준을, 너의 생각을 말해라'를 되뇌였다. 그건 참으로 충격이었다. 그때까지 어디에서도 단 한 번도 들어본 적이 없던 말이었다.

'너의 생각을 말해라'

이 말은 지금도 명희 선생님이 수업 시간에, 연수 시간에 늘 하시는 말씀이다. 그건 선생님께서 평생 국어를 가르치며 일관되게 중요하게 생각하시는 부분이다. 틀린 답이라도 자신의 생각을 말해야 하고 모를 경우에는 "잘 모르겠습니다."라고 정중하고 분명하게 말을 하면 모든 것이 다 해결되었다. 다만 모른다고 입을 굳게 다물고 있을 때는 그 학생은 물론이고 반 전체가 거의 지옥 같은 침묵의 시간을 보내게 된다.

첫 국어 시간 이후 나는 다음 국어 시간을 손꼽아 기다렸다. 놀랍고 신기하고 뭔가 끌리는 명희 선생님의 국어 시간은 날마다 즐겁고 신선했다.

명희 선생님 같은 국어 선생님이 되고 싶었으나 아직도 내가 감히 하지 못하고 있는 것이 바로 독서 공책의 답글이다. 선생님은 국어 공책과 독서 공책을 따로 만들어서 우리의 생각을 자유롭게 마음껏 펼칠 수 있도록 해 주셨다. 한 달에 한 권씩 책을 읽고 독서 토론을 하고 독서 공책에 기록을 하는 것 자체가 나 스스로 굉장히 대견스럽다는 생각을 하게 했다. 독서 공책을 돌려받는 날은 너나할 것 없이 후다닥 독서 공책 맨 끝장에 있는 선생님의 빨간 글씨를 연애편지 읽듯 읽었고 친구들끼리 누구 공책에 빨간 글씨가 더 많이 쓰였는지 비교하면서 뿌듯해 하기도 하고 속상해 하기도 했다.

수행 평가도 없던 시절에 전교생의 독서 공책을 한 달에 한 번씩 걷어서 다 읽고 일일이 답글을 써 주시다니. 그때의 엄청난 노동으로 팔을 혹사해서 선생님은 지금도 오른쪽 팔과 어깨가 아프실 때가 많다. 그건 순전히 직업병이다.

1989년, 내가 대학교 4학년일 때 선생님은 전교조 조합원이라는 이유로 선생님이 그렇게 사랑하시던 길원여고에서 해직되었다. 그 후 선생님의 외모는 전과는 확연히 달라지셨다. 일단 긴 파마머리가 숏커트 머리로 바뀌었다. 그리고 선생님의 트레이드마크 같던 굽 높은 구두와 기다란 플레어스커트는 운동화에 청바지 차림으로 바뀌었다.

5년이라는 시간이 흘러 복직된 후 선생님은 길원여고 시절과는 참 많이 달랐다. 차림새는 이미 해직 시절에 달라진 것을 보았지만, 복직 후 학생들을 대하는 모습을 보니 내가 고등학교 다닐 때와는 너무나 달라져 있었다.

일단 학생들을 향해 활짝 웃는 모습을 많이 보게 되었다. 그리고 학생들과 친구처럼 다정하고 친근하게 대하는 모습을 보게 되었다. 또한 사진 찍는 것을 그렇게 싫어하던 선생님이 학생들과 함께 아무런 거부감 없이 자연스럽게 사진을 찍고 계셨다. 그리고 우리 때는 상상도 할 수 없었던 '명희 선생님'이라는 호칭을 학생들이 아무렇지도 않게 쓰고 있었다. 그런 모습이 잠깐 낯설다는 생각을 했으나 이제 그런 모습도 오래 보아서 익숙하다.

그리고 중요한 또 한 가지. 명희 선생님을 만날 때까지 나는 여성으로서 주체적으로 당당하게 살아야 하는 것에 대해 한 번도 이야기를 들어본 적이 없었고 나 스스로도 그런 것에 대해 생각을 하지 않고 살았다. 그런데 명희 선생님을 만나면서부터 '주체적인 여성으로 살기'에 대해 깊은 관심을 가지게 되었고 좀 더 씩씩하게 살게 되었다.

동료 교사, 김명희

명희 선생님을 떠올릴 때 절대 빼놓을 수 없는 것은 수업을 하는 것 같지 않게 편안하고 자연스럽게 그리고 재미있게 국어 수업을 하는 것이다. 그것은 내가 고등학교 때도 그렇게 느꼈고 국어 교사가 된 후에 선생님의 수업을 참관할 때마다 그리고 연수를 들을 때마다 변함없이 느끼는 것이다.

학생들에게 딱딱하고 어려운 공부를 한다는 느낌을 전혀 주지 않고 선생님과 편안하게 이야기를 주고받다 보면 자신도 모르는 사이에 공부의 한가운데에 와 있다. 마치 놀이처럼 공부를 하니 부담도 없고 재미있는 것이다. 그러기 위해서 교사는 가르치는 것에 대해 훤하게 다 파악해야만 한다. 그리고 학생들을 이해하고 그들과 마음을 열고 정서적인 교감을 나눌 수 있어야 한다. 국어 수업이 단순히 국어 지식만을 전달하는 것이 아니라는 것을 선생님 수업을 통해서 깨닫게 된 것이다.

그리고 명희 선생님은 소모임을 참 잘 꾸리신다. 그것도 함께 하는 사람들이 크게 부담을 느끼지 않고 편안하게 시작할 수 있도록, 그러면서도 선생님의 역할이 눈에 띄지 않도록 마당을 잘 펼쳐 주신다. 그건 선생님이 가진 교육에 대한 열의와 열린 마음이 있어서 가능한 것이다.

선생님이 예천에서 안동으로 학교를 옮기면서 나는 소모임의 연속인 나날을 이어갔다. 안동 국어 교사 모임, 여성 위원회 모임, 상담 모임…. 일주일 중 사나흘을 소모임을 할 때도 있었지만, 피곤한 줄 모르고 선생님과 함께 모임을 가졌다. 그런 소모임을 통해서 학교에서 지치고 상처 받은 것들을 나누면서 치유가되고 일상에서 생활할 힘을 새롭게 얻을 수 있었다.

안동 국어 교사 모임에서 명희 선생님이 계셔서 신명나게 했던 일들이 몇 가지 있다. 한글 옷을 만들어서 즐겨 입고 널리 보급하기, 해마다 문학의 현장을 찾아가는 문학 기행. 그 중에서 가장 잊지 못할 것은 참가자 전원이 한글 옷을 입고 윤동주 문학기행을 가서 윤동주 묘소에 갔을 때이다. 묘소에서 한 사람씩 돌아가면서 윤동주 시인의 시를 낭송하던 모습. 지금도 잊을 수 없는 감동적인 장면이다.

또 하나는 안동 이야기 대회이다. 각 학교에서 수행 평가로 이야기 대회를 하고, 안동 지역 대회를 하고, 경북 지역 대회를 하고, 거기에서 우승한 학생이 전국 이야기 대회에 나가게 하였다. 다른 어느 지역도 이렇게 학교 현장에서부터 차례대로 순서를밟아 전국 이야기 대회에 나가는 곳은 없었다. 이야기 대회를 하는 동안 아이들도 선생님들도 신이 났었다. 이런 활동과 소모임을 기반으로 경북 국어 교사 모임은 전국에서 가장 활발하게 활동하는 지역 모임이 되어 여러 차례 사례 발표도 하였다.

올해 2월에 명희 선생님이 정년퇴직을 하신다고 생각하니 아쉬운 점이 너무나 많다. 내 생각에는 아직 10년은 거뜬히 현장에서 열정적으로 아이들을 가르치실 수 있을 것 같은데 정년이 너무 이르다는 생각이 든다. 물론 선생님에 대한 평가는 호불호가 명확하게 나누어진다. 마치 선생님의 성격처럼. 하지만 제자들이 준비한 두 번의 출판 기념회, 한 번의 환갑잔치. 그리고 마지막 수업과 정년 퇴임식과 세 번째 출판 기념회까지 어떤 선생님이 그런 경험을 할 수 있을까?

끊임없는 지적 호기심으로 늘 열심히 책을 읽고 무언가를 찾아서 공부하는 선생님, '존재비'가 필요하다는 것을 알려 주신 선생님, 낯설고 새로운 것이라도 알아야겠다고 생각하면 과감하게 도전하고 배워서 삶의 일부로 만들어 버리는 선생님, 그래서 '길길이 방'이라는 카페를 만들어 수많은 사람들이 드나들며 선생님과 대화를 나누고 새로운 것을 배우고 느끼게 하는 선생님, 맺고 끊는 것이 분명한 선생님, 할 말이 있을 때는 분명하게 하는 선생님, 잘못을 알았을 때는 정중하게 사과하는 선생님, 약속이나 책임감을 무척 중요하게 생각하는 선생님, 들꽃을 좋아하고 클래식 음악을 좋아하고 걷기를 좋아하는 선생님, 문제가 생기면 솔직하게 정면으로 부딪혀서 해결하는 모습을 보여 주신 선생님, 때론 까다롭지만 때론 전혀 까다롭지 않은 선생님, 솔직하고 다정다감하고 열린 사고를 가진 선생님, 더운 것을 몹시 싫어하는 선생님, 소나기 음식을 먹고, 소나기 일을 하는 선생님, 아침에는 씹는 건 절대 안 먹고 커피만 마시는 선생님, 그러나 아침으로 수박 반통도 드실 수 있는 선생님, 도회적인 이미지와는 달리 김치, 쌈, 나물 비빔밥, 청국장, 고추장을 좋아하시는 선생님, 나무나 낙엽 타는 냄새를 좋아하는 선생님, 시골 장터에서 센베이 과자를 사서 먹으면서 어린아이처럼 행복하게 웃는 선생님, 숫자에 대해서는 수시로 허당의 모습을 보여 주시는 선생님, 무서운 카리스마 대신 때론 귀여운 모습을 보여 주시는 선생님, 퇴직 이후 삶이 더욱 기대되는 선생님.

내 인생에서 절대 빼놓을 수 없는 명희 선생님. 지금의 나를 있게 한 든든한 자양분. 국어 교사로서, 선배 여교사로서 어렵고 힘든 일이 있을 때 가장 먼저 떠올릴 수 있는 우리 주변에서 보기 드문 여자 어른. 그 분이 가까이 계셔서 나는 참 행복하다.

그렇게 제 곁에 늘 계셔 주셔서 고맙습니다. 명희 선생님~!

– 이경자(안동 경안 중학교 국어 교사, 안동 길원 여자 고등학교 10회 졸업생)

도움 받은 책과 자료

국어 교육의 길(김수업 지음, 나라말, 1998)

영역을 통합한 수업으로 표현력 기르기(경북 예천 국어 교사 모임 엮음, 1998)

방송 화술(최병학, 아침기획, 2002)

주제가 있는 국어과 동료 장학(경북 예천 국어 교사 모임 엮음, 2002)

검정 교과서 시대에 국어 교사의 길 찾기(전국 국어 교사 모임 엮음, 2011)

이것은 교육이 아니다(지아 외 16명, 교육 공동체 벗, 2013)

국어 교육 어떻게 할 것인가 – 창비교육총서 1(고용우 외 24명, 창비교육, 2014)

디지털 시대, 국어 교육 어떻게 할 것인가(세종시 특수 분야 교원 연수 자료집, 2015)

시간과 공간의 흐름을 타는 국어 수업
국어 시간에 생기를 불어넣고 싶은 선생님에게

초판 1쇄 발행 2016년 2월 19일
초판 3쇄 발행 2023년 12월 7일

지은이 • 김명희
펴낸이 • 김종곤
책임편집 • 김용희 이단비
본문 디자인 • 오혜진
펴낸곳 • ㈜창비교육
등록 • 2014년 6월 20일 제2014-000183호
주소 • 04004 서울시 마포구 월드컵로12길 7
전화 • 편집 1833-7247 / 영업 02-6949-0954
팩스 • 편집 02-6949-0953 / 영업 070-4838-4938
홈페이지 • www.changbiedu.com
전자우편 • contents@changbi.com

ⓒ 김명희 2016
ISBN 979-11-86367-26-1 03370